Anja Krandick

# *Lieblingsrezepte*
# DER THERMIMAUS 2

W0195103

## KOCHEN MIT DEM THERMOMIX®

LEMPERTZ

## IMPRESSUM

Math. Lempertz GmbH
Hauptstraße 354
53639 Königswinter
Tel.: 02223 / 90 00 36
Fax: 02223 / 90 00 38
info@edition-lempertz.de
www.edition-lempertz.de

© 2017 Mathias Lempertz GmbH

Dieses Kochbuch wurde nach bestem Wissen und
Gewissen verfasst. Weder der Verlag noch der Autor
tragen die Verantwortung für ungewollte Reaktionen
oder Beeinträchtigungen, die aus der Verarbeitung
der Zutaten entstehen.

Der Markenname „Thermomix" ist rechtlich geschützt und
wird nur als Bestandteil der Rezepte verwendet. Für Schäden, die bei
der Zubereitung der Gerichte an Personen oder Küchengeräten
entstehen, wird keine Haftung übernommen.
Bitte beachte die Anwendungshinweise der Gebrauchsanweisung
deines Thermomixgerätes.

 www.facebook.com/MIXtippRezepte

Titelbild: Fotolia
Lektorat: Team mixtipp, Christina Meuser
Illustrationen, Layout/Satz: Ralph Handmann
Gesamtherstellung: Print Consult

ISBN: 978-3-96058-041-6

Fotos: © Anja Krandick

# INHALT

Vorwort . . . . . . . . . . . . . . . . . . . . . . . . . . . . 6
Einleitung . . . . . . . . . . . . . . . . . . . . . . . . . . 8
Specialfeature für Vierbeiner . . . . . . . . . . . . 10

## SUPPEN

Thermimaus´ Trio-Partysuppe – nach meinem
  Motto: Abwandeln ist immer möglich . . . . . 14
Kartoffelsuppe mit frischem Suppengrün . . . 16
Käse-Lauch-Suppe mit Hackfleisch . . . . . . . 18
Kohlrabi-Creme-Suppe . . . . . . . . . . . . . . . . 20

## BROT & FINGERFOOD

Überbackenes Ciabatta mit Basilikum-
  Käse-Kruste . . . . . . . . . . . . . . . . . . . . . . 24
Saftiges Vollkornbrot ohne Gehzeit . . . . . . . 26
Ciabatta . . . . . . . . . . . . . . . . . . . . . . . . . . 28
Möhrenbrot . . . . . . . . . . . . . . . . . . . . . . . . 30
Bruschetta . . . . . . . . . . . . . . . . . . . . . . . . . 32
Jalapeño-Röllchen –
  Campen mit dem Thermomix . . . . . . . . . . 34
Pizzakranz – super für Partys . . . . . . . . . . . 36

## DIPS & SAUCEN

Italienischer Dip . . . . . . . . . . . . . . . . . . . . 40
Jalapeño-Paprika-Basilikum-Dip . . . . . . . . . 42
Käsesauce zu Nachos – wie im Kino . . . . . . 44
Kräuterbutter à la Falkensteinsee . . . . . . . . 46
Kräuterquark-Dip zum Grillen
  oder zu Pellkartoffeln . . . . . . . . . . . . . . . 48
Pizzabutter . . . . . . . . . . . . . . . . . . . . . . . . 50

## HAUPTGERICHTE

Gefüllte Paprika mit Reis und einer
  Galgant-Sauce hollandaise . . . . . . . . . . . . 54
Spargel mit Kartoffeln und
Sauce hollandaise . . . . . . . . . . . . . . . . . . . . 56
Wirsing mit Kassler, Kartoffeln und Sauce . . . 58
Tortellini mit Gemüse und Käsesauce . . . . . . 60
Kartoffelpüree aus dem Thermomix
  mit Bratwurst und Zwiebeln aus der Pfanne  62
Pizza Spinaci . . . . . . . . . . . . . . . . . . . . . . . . 64
Überbackene Nudeln mit Brokkoli . . . . . . . . . 66
Vegetarische Linsen-Frikadellen . . . . . . . . . . . 68

## SÜSSES

Pudding-Schmand-Kuchen vom Blech . . . . . 72
Haselnuss-Zimt-Bällchen –
  super zur Eiweißverwertung und glutenfrei . 74
Engelsaugen . . . . . . . . . . . . . . . . . . . . . . . . 76
Bunte Fensterglasplätzchen . . . . . . . . . . . . . 78
Cinnamon Rolls – Zimtschnecken . . . . . . . . 80
Nuss-Mandel-Kuchen . . . . . . . . . . . . . . . . . 82
Schneeflocken . . . . . . . . . . . . . . . . . . . . . . . 84
Belgische Waffeln mit heißen Kirschen . . . . . 86
Giotto-Dessert . . . . . . . . . . . . . . . . . . . . . . 88
Ostfriesischer Mehlpütt, auch Klütje genannt,
  mit Vanillesauce . . . . . . . . . . . . . . . . . . . . 90
Fluffige Quarkbrötchen . . . . . . . . . . . . . . . . 92

## GETRÄNKE

Eierpunsch . . . . . . . . . . . . . . . . . . . . . . . . . 96
Eiskaffee . . . . . . . . . . . . . . . . . . . . . . . . . . . 98
Likör „Freches Küsschen" . . . . . . . . . . . . . . 100
Ostfreesen Power . . . . . . . . . . . . . . . . . . . . 102

**Filmografie –**
Die Videos zu den Rezepten im Buch . . . . . . 104

*Liebe Thermomixfreunde,*

hurra! Fans und Freunde der Thermimaus haben ihn schon sehnsüchtig erwartet: Band II der Lieblingsrezepte von Anja Krandick ist nun erschienen, nachdem der erste Teil schon ein Erfolg auf ganzer Linie war.

Auch in diesem Band findet ihr wieder eine große Auswahl aus ihrer vielseitigen Küche: Klassiker wie Kartoffelsuppe ebenso wie partytaugliches Fingerfood, würzige Dips und Saucen und dazu Rezepte für hausgemachtes Brot. Natürlich stellt die leidenschaftliche Köchin auch wieder Spezialitäten ihrer friesischen Heimat vor – und selbst an die lieben Vierbeiner hat sie gedacht: Hundekekse mit Leberwurst, vorgekostet von Thermimaus-Hund Josie.

Wer der Autorin bei der Zubereitung ihrer kleinen und großen Köstlichkeiten über die Schulter schauen möchte, folgt einfach den praktischen QR-Codes neben den Rezepten, lässt sich auf ihrem beliebten Youtube-Kanal "Thermimaus" mit seinen über 200 von ihr hochgeladenen Videos inspirieren oder besucht sie auf Facebook unter:
https://de-de.facebook.com/ThermomixThermimausOstfriesland
Die herzliche Ostfriesin hat hier schon über 11.000 Follower.

Wir wünschen euch wie immer viel Vergnügen beim Kochen, Backen und Probieren!

*Antje Watermann*

Herausgeberin, Edition Lempertz

# LIEBE THERMOMIXFREUNDE,

hier bin ich wieder, eure Anja Krandick, besser bekannt als die Thermimaus! Im letzten Jahr um diese Zeit habe ich mein erstes Buch gemeinsam mit dem Team mixtipp herausgegeben. Ich bin total stolz darauf, das ist wirklich der Wahnsinn! Sogar meine Eltern haben Stress, im positiven Sinne natürlich. Immer wieder werde ich darauf angesprochen, ob ich das Buch signieren könnte. Meine Eltern leben in einem Dorf mit einem Geschenkeladen. Die Besitzerin des Geschäfts bestellt regelmäßig Exemplare und erklärt, dass es möglich sei, ein Exemplar von mir signieren zu lassen. Somit wandern die Bücher vom Geschäft zu meinen Eltern, und wenn wir uns dann sehen, signiere ich die Bücher. Einige meiner Facebook-Freunde schicken mir ihr Buch per Post zu, damit ich es unterschreibe. Ein Buch ging sogar nach Österreich.

Jetzt haltet ihr schon meine zweite Rezeptsammlung in der Hand. Das erste Buch kam so gut an, dass viele meiner Fans schon gefragt haben, wann das Zweite erscheint. Geplant hatte ich das zunächst nicht. Als dann die Herausgeberin Antje Watermann mich darauf ansprach, war es mir eine große Ehre, einen zweiten Rezeptband zusammenzustellen.

Im letzten Jahr war ich wie immer fleißig und aktiv auf meiner Facebook-Seite und meinem Youtube-Kanal. Der Youtube-Kanal hat mittlerweile über 2,5 Millionen Aufrufe. Viele schreiben mir nette Kommentare unter die Videos oder stellen Fragen, die ich meistens umgehend beantworte. Auch bei Facebook steigt die Anzahl der Follower. Im Mai letzten Jahres gab es außerdem ein „Thermimaus-Treffen" bei mir zu Hause. Insgesamt waren wir 21 Personen aus ganz Deutschland. Unser Haus ist nicht so groß, dass ich alle bei mir unterbringen konnte. Deswegen wurden die Gäste auf Ferienwohnungen und Hotels verteilt. Das Treffen dauerte fast ein ganzes Wochenende. Bei schlechtem Wetter hätten wir auf unsere Partyhütte zurückgreifen können. Das Wetter war aber so toll, dass wir sie gar nicht benötigten. Wir saßen den ganzen Tag und die ganze Nacht auf der Terrasse: quatschten, sangen, tanzten und tranken den ein oder anderen Likör. Jeder hatte einen selbstgemachten Likör mitgebracht.
Auch auf dem Weihnachtsmarkt wurde ich schon angesprochen und erkannt. Ich bin jedes Mal überwältigt, wenn so etwas passiert.
Ich lebe gemeinsam mit meinem Mann und unserem Labrador „Josie" in Ostfriesland. Auch in diesem Rezeptband habe ich wieder eine große Auswahl meiner Lieblingsrezepte zusammengestellt. Ob Suppen, Hauptspeisen, Snacks oder Leckereien für den Hund. Es ist alles dabei. Inspiriert zu meinen Rezepten werde ich durch Familie, Freunde oder das Internet. Ich koche

nicht gerne nach „Rezept", dafür müsste ich extra einkaufen. Ich mache einmal in der Woche einen Großeinkauf und lege in den Wagen, was mir so gefällt. Hauptsächlich lasse ich mich zuhause dann durch den Kühlschrank und den Vorratsraum inspirieren. Der ein oder andere wird sich sicherlich wundern, warum man bei mir keine Fischgerichte findet. Die Wahrheit ist: Ich bin kein Fischfreund und auch Bohnen esse ich nicht gerne. Da ich mir treu bleiben möchte und das Buch ja meine Lieblingsrezepte beinhaltet, hab ich dafür keine Rezepte entwickelt.
Mit der Zeit entdecke ich auch immer wieder neue Lieblingsgerichte. Kräuterbutter schmeckt z.B. super lecker, wenn man etwas Gemüsebrühe hinzufügt.
Mein Mann unterstützt mich auch weiterhin, so gut er kann. Wenn ich ein neues Rezept teste, muss er allerdings erst einmal warten, bis ich das Gericht von allen Seiten fotografiert habe. Danach darf er loslegen und probieren. Das ist schon immer sehr witzig. Kürzlich habe ich eine neue Suppe kreiert, aber die Linkslauftaste vergessen. Kein Problem, etwas Frischkäse dazu und schon hat man eine leckere Cremesuppe.

Im Kapitel Snacks gibt es viele raffinierte kleine Rezepte, die ich vor allem im Campingurlaub für mich entdeckt habe. Camping und der Thermomix passen super zusammen. Ob Eiskaffee, Slush-Eis, Cappuccino, Kräuterbutter, Salat, Suppe oder Kartoffelpüree. Im letzten Sommer lief ich mit dem Mixtopf zum Waschhaus, um ihn abzuwaschen. Schwups sprachen mich zwei Frauen an: „Haben Sie auch einen Thermomix?" Die waren total begeistert. Als ich dann fragte, ob sie sich auch Youtube-Videos anschauen, erwiderte die Eine: „Sind Sie nicht die Thermimaus?" Das war schon eine lustige Begegnung.

Ich wünsche euch viel Spaß mit meinen neuen Rezepten. Wenn euch etwas unklar sein sollte, schaut euch wie immer entweder meine Videos an oder schreibt mir über Facebook eine Nachricht. Ich freue mich auf eure Kommentare!

Eure **Thermimaus**

15 Stück    30 Min.    leicht

# HUNDEKEKSE
## MIT LEBERWURST

*mixtipp*

Ich habe sie selbst nicht probiert, aber unsere Josie hat sie ratzfatz verputzt.

Zubereitungszeit: 10 Minuten
Backzeit: 20 Minuten, 180°C
 Ober-/Unterhitze
Zutaten für ca. 15 Stück

| |
|---|
| 75 g Dinkelkörner |
| 175 g Leberwurst |
| 100 g Weizenmehl |
| 70 g Haferflocken |
| 140 g Wasser |

**1.** Heize den Ofen auf 180°C Ober-/Unterhitze vor und gib die Dinkelkörner in den Mixtopf. Zerkleinere sie 30 Sekunden/ Stufe 10.

**2.** Nun fügst du Leberwurst, Mehl, Haferflocken und Wasser hinzu und verrührst die Zutaten 1 Minute/ Stufe 3.

**3.** Befeuchte die Hände anschließend mit Wasser und forme ca. 15 Kugeln aus dem Teig. Drücke diese flach, ca. 5 mm dick, und lege sie auf ein mit Backpapier ausgelegtes Backblech.

**4.** Backe die Kekse im vorgeheizten Ofen für 20 Minuten/ 180°C Ober-/Unterhitze.

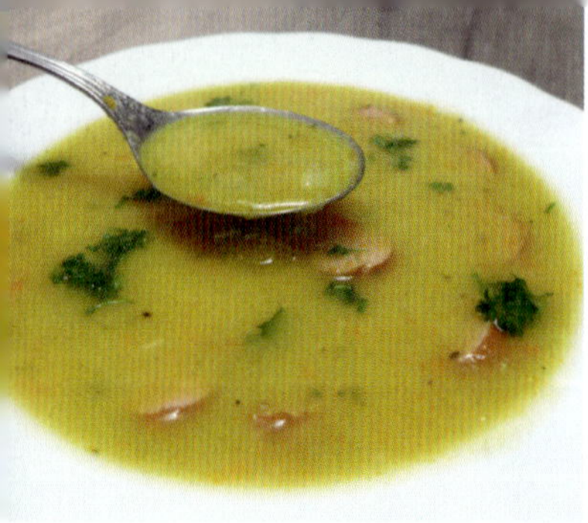
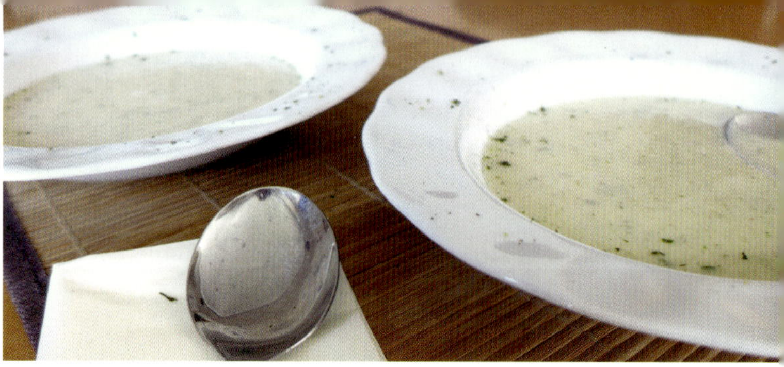
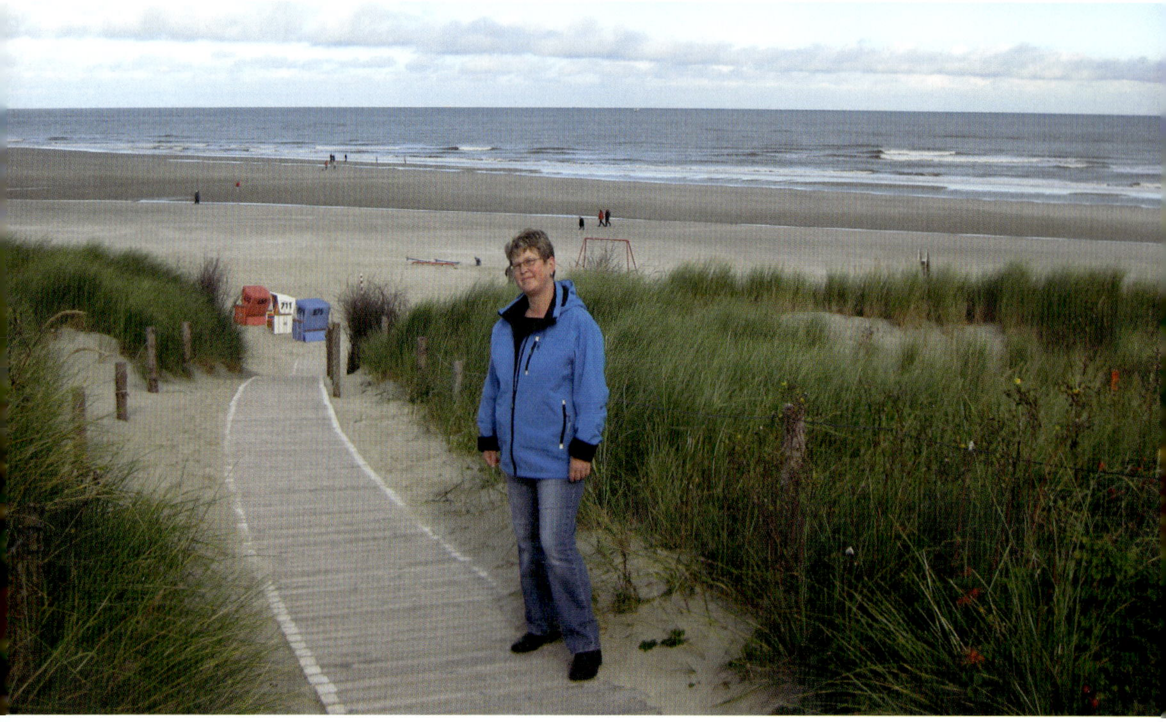
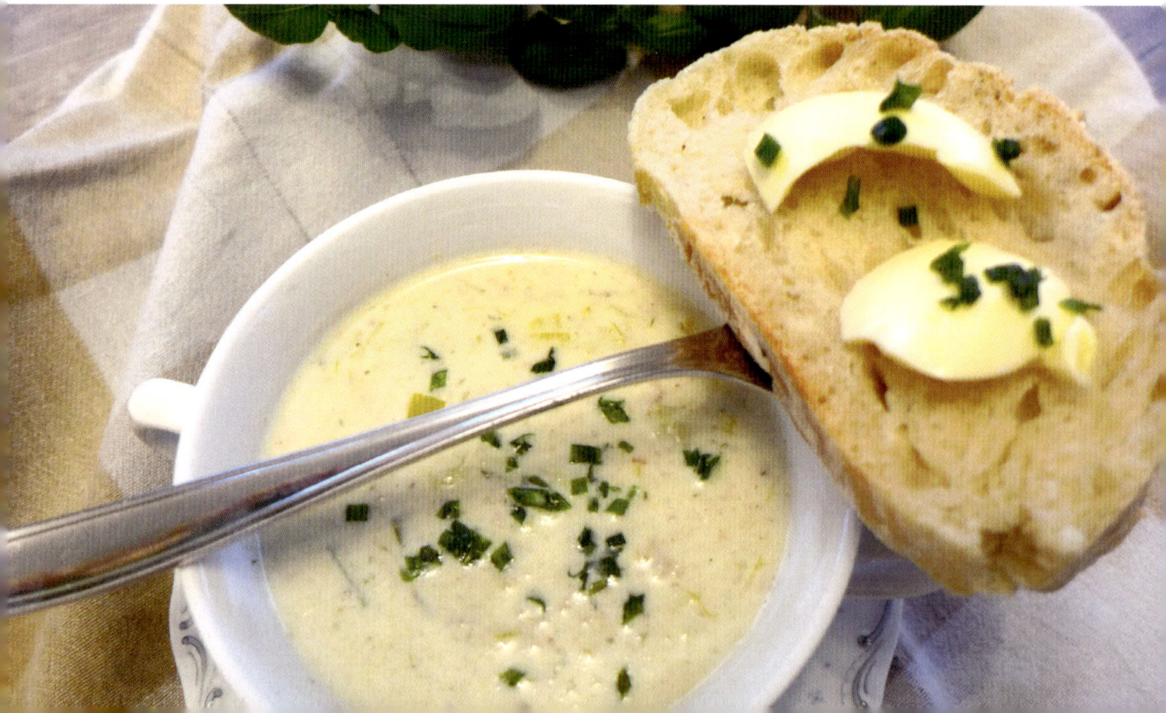

# SUPPEN

*Wat mutt, dat mutt!*

5 Portionen | 30 Min. | leicht

# THERMIMAUS´ TRIO-PARTYSUPPE –
## NACH MEINEM MOTTO: ABWANDELN IST IMMER MÖGLICH

**Zubereitungszeit: 30 Minuten**
**Zutaten für 5 Portionen**

---

1 Möhre, ca. 120 g, geschält, in groben Stücken

---

1 Zwiebel, ca. 100 g, halbiert

---

10 g Olivenöl

---

400 g Hackfleisch

---

450 g Wasser

---

500 g passierte Tomaten

---

1 rote Paprika, in Würfel geschnitten

---

400 g ganze Champignons, halbiert

---

340 g Mais

---

2 Würfel Gemüsebrühe

---

Salz, nach Belieben

---

25 g Tomatenmark

---

1 TL Zucker

---

30 g Röstzwiebeln

---

Pfeffer, nach Belieben

---

1 TL Backkakao, nach Belieben

---

2 TL Sambal Oelek

---

**1.** Schäle die Möhre und schneide sie in grobe Stücke. Zerkleinere nun Zwiebel und Möhre im Mixtopf 3 Sekunden/ Stufe 5. Schiebe die Stücke mit dem Spatel nach unten. Anschließend gibst du das Öl und das Hackfleisch hinzu. Dünste die Mischung 6 Minuten/ Varoma/ Linkslauf/ Sanftrührstufe.

**2.** Nun fügst du noch Wasser, Tomaten, Paprika, Champignons, Mais, Gemüsebrühe, Salz, Tomatenmark, Zucker, Röstzwiebeln, Pfeffer, Kakao und Sambal Oelek hinzu. Verrühre die Zutaten 20 Minuten/ 100°C/ Linkslauf/ Stufe 1.

**3.** Schmecke die Suppe zuletzt mit Salz und Pfeffer ab und serviere sie z.B. mit einem Baguette.

*Nachdem die Suppe fertig war, kam mir ein Gedanke: Das wäre doch eine super Basis für eine Bolognese! Also lässt man die Dose Mais einfach weg und nimmt anstatt 400 g nur 100 g Wasser … das war's … schon hat man eine super Bolognese-Sauce.*
*Es gibt aber noch eine Variante: Wie wär's mit Chili con Carne?*
*Dafür reduzierst du die Wassermenge von 400 g auf 100 g und fügst zu den restlichen Zutaten noch 225 g Kidneybohnen hinzu. Einfach, oder?*
*Auch die Gewürze können variieren: Wer kein Sambal Oelek im Haus hat, nimmt einfach einen TL Paprikapulver, scharf.*

4 Portionen   30 Min.   leicht

# KARTOFFELSUPPE
## MIT FRISCHEM SUPPENGRÜN

**Zubereitungszeit: 30 Minuten**
**Zutaten für 4 Portionen**

1 Zwiebel, halbiert

20 g Olivenöl

100 g rohe Schinkenwürfel

1 Packung frisches Suppengrün (500 g)

250-300 g festkochende Kartoffeln

2 Gemüsebrühwürfel

800 g heißes Wasser

2 Prisen Pfeffer

½ TL Salz

2 Prisen Muskat

200 g Sahne

5 Wiener Würstchen

**1.** Für die Suppe zerkleinerst du als Erstes die Zwiebel im Mixtopf 3 Sekunden/ Stufe 5 und schiebst die Stücke mit dem Spatel nach unten. Füge das Öl und die Schinkenwürfel hinzu und dünste die Mischung 3 Minuten/ Varoma/ Stufe 1.

**2.** Schäle das Suppengemüse und schneide es in Stücke. Schäle und schneide die Kartoffeln in grobe Stücke und gib alles in den Mixtopf. Zerkleinere die Kartoffel-Gemüse-Mischung 4 Sekunden/ Stufe 5 und füge Gemüsebrühwürfel und Wasser hinzu. Koche die Suppe nun 20 Minuten/ 100°C/ Stufe 1.

**3.** Danach gibst du Pfeffer, Salz, Muskat und Sahne dazu und pürierst die Suppe 10 Sekunden/ Stufe 5.

**4.** Schneide zu guter Letzt die Wiener Würstchen in Scheiben und gib sie in den Mixtopf. Rühre die Würstchenstücke 15 Sekunden/ Linkslauf/ Stufe 1 ein.

**mixtipp**
Du kannst die Suppe auch ohne Schinkenwürfel und Sahne zubereiten.

4 Portionen | 40 Min. | leicht

# KÄSE-LAUCH-SUPPE
## MIT HACKFLEISCH

**Zubereitungszeit: 40 Minuten**
**Zutaten für 4 Portionen**

500 g Hackfleisch, gemischt vom Schwein und Rind

20 g Pflanzenöl

3 Stangen Porree (knapp 500 g)

650 g Wasser

2 Brühwürfel

2 Prisen Pfeffer

1 Prise Muskat

Salz, nach Belieben

300 g Kräuterschmelzkäse

**1.** Als Erstes garst du das Hackfleisch mit dem Öl im Mixtopf 5 Minuten/ Varoma/ Linkslauf/ Stufe 1.

**2.** Wasche und schneide den Porree in Ringe und gib ihn in den Mixtopf dazu. Dünste die Mischung nun 5 Minuten/ Varoma/ Linkslauf/ Stufe 1.

**3.** Füge als Nächstes Wasser und Brühwürfel hinzu und koche die Suppe 15 Minuten/ 100°C/ Linkslauf/ Stufe 1.

**4.** Schmecke die Suppe mit Pfeffer, Muskat und Salz ab und füge den Kräuterschmelzkäse hinzu. Verrühre die Suppe 15 Sekunden/ Linkslauf/ Stufe 2.

Wir lieben diese Suppe!

mixtipp

Reiche dazu ein paar Baguettescheiben. Ein Gedicht!

THERMIMAUS 2

3 Portionen | 20 Min. | leicht

# KOHLRABI-CREME-SUPPE

**Zubereitungszeit: 20 Minuten**
**Zutaten für 3 Portionen**

130 g Kartoffeln, geschält,
in Stücken

280 g Kohlrabi, geschält,
in Stücken

½ Gemüsebrühwürfel

5 g Salz

3 Prisen Muskat

500 g Milch

Petersilie, nach Belieben

50 g Schmelzkäse

**1.** Zerkleinere die Kartoffel- und Kohlrabistücke im Mixtopf 4 Sekunden/ Stufe 6 und füge Gemüsebrühwürfel, Salz, Muskat und Milch hinzu. Koche nun die Suppe 17 Minuten/ 100°C/ Stufe 1.

**2.** Schmecke die Suppe mit etwas Petersilie und Schmelzkäse ab. Püriere die Suppe danach ohne Zeiteinstellung auf Stufe 5 bis zur gewünschten Konsistenz.

**mixtipp**

Anstatt Kohlrabi kannst du auch Blumenkohl oder Brokkoli verwenden.

# BROT & FINGERFOOD

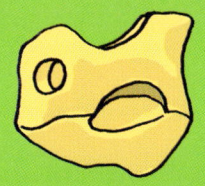

*Geiht nich, gifft nich ...*

4 Portionen | 19 Min. | leicht

# ÜBERBACKENES CIABATTA
## MIT BASILIKUM-KÄSE-KRUSTE

**Zubereitungszeit: 5 Minuten**
**Backzeit: 14 Minuten, 180°C**
 **Ober-/Unterhitze**
**Zutaten für 4 Portionen**

---

1 Knoblauchzehe

---

10 Blätter frisches Basilikum, gewaschen

---

200-250 g mittelalter Gouda, in groben Stücken

---

50 g weiche Butter, in Stücken

---

1 TL Kräutersalz

---

etwas Pfeffer

---

300 g Ciabatta (s. S. 28)

---

**1.** Heize zunächst den Backofen auf 180°C Ober-/Unterhitze vor.

**2.** Zerkleinere die Knoblauchzehe und das Basilikum im Mixtopf 3 Sekunden/ Stufe 5. Schiebe die Stücke mit dem Spatel nach unten. Gib den Gouda in groben Stücken dazu und zerkleinere die Mischung 10 Sekunden/ Stufe 6. Schiebe die Reste wiederum mit dem Spatel nach unten. Füge Butter, Kräutersalz und Pfeffer hinzu und verrühre die Zutaten 30 Sekunden/ Stufe 3.

**3.** Schneide das Ciabatta der Länge nach auf und verteile die Kräuter-Käse-Masse auf beiden Hälften. Nun geht's ab in den vorgeheizten Backofen für ca. 14 Minuten/ 180°C Ober-/Unterhitze.

**mix**tipp

Das Ciabatta eignet sich super für eine Grillparty!

Das passende Video dazu findest Du hier:

| 1 Brot | 1 h 10 Min. | mittel |

# SAFTIGES VOLLKORNBROT
## OHNE GEHZEIT

**Zubereitungszeit:** 10 Minuten
**Backzeit:** 1 Stunde, 200°C
  Ober-/Unterhitze
**Utensilien:** 1 Kastenform, 30 cm
**Zutaten für 1 Brot**

---

50 g Leinsamen

250 g Dinkelkörner

250 g Weizenkörner

500 g Wasser

1 TL Zucker

1 Würfel Hefe

100 g Sonnenblumenkerne

2 TL Salz

20 g weißer Balsamicoessig

Backtrennmittel oder Fett
für die Form

**1.** Gib als Erstes die Leinsamen in den Mixtopf und schrote sie 8 Sekunden/ Stufe 8. Fülle sie anschließend in eine separate Schüssel um.

**2.** Schrote nun die Dinkelkörner 1 Minute/ Stufe 10 und fülle diese zu den Leinsamen. Zu guter Letzt schrotest du noch die Weizenkörner 1 Minute/ Stufe 10 und gibst auch diese zu der Leinsamenmischung dazu. Pinsele die Kastenform mit Backtrennmittel, Butter oder Öl ein.

**3.** Gib Wasser, Zucker und Hefe in den Mixtopf und verrühre die Mischung 2 Minuten/ 37°C/ Stufe 2.

**4.** Fülle die Leinsamen-Mehlmischung, die Sonnenblumenkerne, das Salz und den Balsamicoessig hinzu und knete den Teig 2 Minuten/ Teigknetstufe. Gib die Masse nun in die Kastenform und backe das Brot im nicht vorgeheizten Ofen 1 Stunde/ 200°C Ober/-Unterhitze.

**5.** Lass das Brot ca. 1-2 Stunden auskühlen und stürze es dann aus der Form – FERTIG!!!

Das passende Video dazu findest Du hier:

Video Backtrennmittel selbstgemacht:

2 Brote | 15 h 55 Min. | schwer

# CIABATTA

**Zubereitungszeit:** 30 Minuten
**Ruhezeit:** ca. 15 Stunden
**Backzeit:** ca. 25 Minuten,
   200°C Ober-/Unterhitze
**Utensilien:** 1 Backblech
**Zutaten für 2 Brote**

### Für den Vorteig:

10 g frische Hefe

260 g Wasser

5 g Zucker

250 g Mehl, Type 405

### Für den Hauptteig:

170 g Wasser

10 g frische Hefe

400 g Mehl, Type 405

5 g Salz

50 g Olivenöl

**1.** Zuerst bereitest du den Vorteig vor. Dafür zerbröselst du die Hefe in den Mixtopf und verrührst sie mit Wasser und Zucker im Mixtopf 2 Minuten/ 37°C/ Stufe 2.

**2.** Gib dann das Mehl dazu und verrühre die Zutaten 3 Minuten/ Teigknetstufe zu einem Teig. Fülle den Teig in eine Schale und decke diese mit Frischhaltefolie ab. Achte darauf, dass du dabei einen kleinen Spalt offen lässt. Lass den Teig mindestens 12 Stunden bei Zimmertemperatur gehen.

**3.** Nach der Ruhezeit geht es weiter mit dem Hauptteig. Dafür verrührst du Wasser und Hefe im Mixtopf 2 Minuten/ 37°C/ Stufe 2 und gibst Mehl, Salz, Olivenöl und den Vorteig dazu. Verrühre die Mischung 5 Minuten/ Teigknetstufe. Fülle den Teig anschließend in eine Schale, decke diese mit einem Küchentuch ab und lass ihn 1 Stunde an einem warmen Ort gehen.

**4.** Danach ziehst du den Teig auf eine bemehlte Arbeitsfläche vorsichtig zu einem Rechteck auseinander. Du darfst den Teig nicht kneten. Falte dann die rechte und die linke Seite in die Mitte, drücke sie etwas flach und wiederhole den Vorgang 3 Mal. Gib den Teig anschließend wieder in die Schale, bedecke diese mit einem Küchentuch und lass den Teig nochmals eine Stunde gehen.

**5.** Wiederhole Punkt 3 noch einmal und lass denn Teig nochmals 30 Minuten gehen. Die langen Gehzeiten sind übrigens notwendig, damit das Brot die typischen Ciabatta-Luftlöcher erhält.

**6.** Lege den Teig auf eine bemehlte Arbeitsfläche und ziehe ihn zu einem Rechteck. Teile den Teig mithilfe einer Teigkarte oder einem Messer in zwei Stücke und lege die beiden Laibe auf ein mit Backpapier belegtes Backblech. Decke die Brotlaibe mit einem Geschirrhandtuch ab und lass sie weitere 10 Minuten an einem warmen Ort ruhen.

**7.** Heize währenddessen den Backofen auf 200°C Ober-/Unterhitze vor.

**8.** Backe die Brotlaibe im vorgeheizten Backofen 25 Minuten/ 200°C Ober-/Unterhitze aus. Dein Ciabatta ist somit fertig und du kannst es nach Belieben verwenden.

| 1 Brot | 2 h | leicht |

# MÖHRENBROT

**Zubereitungszeit:** 10 Minuten
**Ruhezeit:** 1 Stunde
**Backzeit:** 50 Minuten,
  180°C Umluft
**Utensilien:** 1 Kastenform, 30 cm
**Zutaten für 1 Brot**

150 g Möhren, geschält,
in Stücken

1 Würfel Hefe

400 g Mehl, Type 405

5 g Zucker

10 g Salz

200 g Wasser

50 g Körnermischung ,
z.B. Sonnenblumen-, Kürbis-
und Pinienkerne

Butter für die Form

**1.** Schäle als Erstes die Möhren, zerkleinere sie im Mixtopf 5 Sekunden/ Stufe 6 und schiebe die Stücke mit dem Spatel nach unten.

**2.** Füge nun Hefe, Mehl, Zucker, Salz und Wasser hinzu und verrühre die Zutaten 3 Minuten/ Teigknetstufe zu einem Teig. Nach 2,5 Minuten gibst du nach und nach die Körner durch die Deckelöffnung dazu.

**3.** Fette die Kastenform mit etwas Butter ein und fülle den Teig hinein. Decke den Teig mit einem Küchentuch ab und lass ihn an einem warmen Ort ca. 1 Stunde gehen.

**4.** Heize vor Ablauf der Ruhezeit den Backofen auf 180°C Umluft vor.

**5.** Schneide das Brot mit einem scharfen Messer längs leicht ein und backe den Teig nun im vorgeheizten Backofen 50 Minuten/ 180°C Umluft aus. Wenn du die Kruste nicht so dunkel möchtest, decke das Brot mit Backpapier ab.

mix*tipp*

Genieße das Brot z.B. mit etwas Pizzabutter (s. S. 50).

| 4 Portionen | 1 h 10 Min. | leicht |

# BRUSCHETTA

**Zubereitungszeit: 10 Minuten**
**Ruhezeit: 1 Stunde**
**Zutaten für 4 Portionen**

2 Knoblauchzehen

1 Zwiebel, halbiert

20 Basilikumblätter, frisch, gewaschen

7 Tomaten, geviertelt und entkernt, ca. 400 g

10 g weißer Balsamicoessig

10 g Olivenöl

2 Prisen Pfeffer

1 Prise Salz

1 TL Pizzagewürz

1 Baguette

**1.** Als Erstes zerkleinerst du die Knoblauchzehen im Mixtopf 3 Sekunden/ Stufe 5 und schiebst die Stücke mit dem Spatel nach unten. Gib die Zwiebel und das Basilikum dazu und zerkleinere die Mischung wiederum 3 Sekunden/ Stufe 5. Schiebe die Reste erneut mit dem Spatel nach unten.

**2.** Füge nun Tomaten, Essig, Öl, Pfeffer, Salz und Pizzagewürz in den Mixtopf hinzu und vermische die Zutaten 3 Sekunden/ Stufe 5. Lass die Masse mindestens eine Stunde ziehen.

**3.** Gib die stückige Tomatenmischung anschließend durch ein Sieb, um die überschüssige Flüssigkeit zu entfernen. Schneide das Baguette in Scheiben und toaste diese. Verteile den Tomatenbelag auf den krossen Baguettescheiben und genieße deine selbstgemachte Bruschetta.

Das passende Video dazu findest Du hier:

4 Portionen | 2-3 h 10 Min. | leicht

# JALAPEÑO-RÖLLCHEN –
## CAMPEN MIT DEM THERMOMIX

**Zubereitungszeit: 10 Minuten**
**Ruhezeit: 2-3 Stunden**
**Zutaten für 4 Portionen**

1 Knoblauchzehe

20-30 g eingelegte Jalapeños

300 g Frischkäse

2 Prisen Salz

3 Tortilla-Wraps, Fertigprodukt

**1.** Zerkleinere Knoblauch und Jalapeños im Mixtopf 4 Sekunden/ Stufe 6. Schiebe die Stücke mit dem Spatel nach unten und zerkleinere sie erneut 3 Sekunden/ Stufe 6.

**2.** Gib Frischkäse und Salz dazu und verrühre die Mischung 20 Sekunden/ Stufe 4.

**3.** Bestreiche nun die Tortilla-Wraps mit der Frischkäsecreme und rolle sie ein. Lass die Tortilla-Wraps anschließend 2-3 Stunden durchziehen.

**4.** Schneide die Wraps zu guter Letzt in Scheiben und serviere sie als Fingerfood. Unsere Camping-Nachbarn waren begeistert.

THERMIMAUS 2

Das passende Video dazu findest Du hier:

| | | |
|---|---|---|
| 4-6 Portionen | 1 h 22-25 Min. | mittel |

# PIZZAKRANZ — SUPER FÜR PARTYS

**Zubereitungszeit: 20 Minuten**
**Ruhezeit: 40 Minuten**
**Backzeit: 22-25 Minuten, 180°C**
  Ober-/Unterhitze
**Zutaten für 4-6 Portionen**

350 g Mehl, Type 405

200 g Wasser

½ Würfel Hefe, 21 g

25 g Olivenöl

5 g Salz

½ TL Zucker

1 Zwiebel, halbiert

1 Knoblauchzehe

10 g Olivenöl

400 g Tomaten, in Stücken, aus der Dose

20 g Tomatenmark

5 g Salz

Zucker, nach Belieben

¼ TL Paprikapulver

¼ TL Pfeffer

1 EL Oregano

1 TL Pizzagewürz

150 g mittelalter Gouda, in Stücken

Salami zum Belegen

Kochschinken zum Belegen

**1.** Verrühre für den Pizzateig Mehl, Wasser, Hefe, Öl, Salz und ½ TL Zucker im Mixtopf 2 Minuten/ Teigknetstufe. Fülle den Teig in eine Schüssel, decke diese mit einem Küchentuch ab und lass den Teig 30 Minuten an einem warmen Ort gehen. Du brauchst den Mixtopf nicht zu reinigen.

**2.** Bereite in der Zwischenzeit die Pizzasauce zu. Zerkleinere für die Sauce Zwiebel und Knoblauchzehe im Mixtopf 3 Sekunden/ Stufe 5 und schiebe die Stücke mit dem Spatel nach unten. Gib das Öl hinzu und dünste darin die Zwiebel-Knoblauch-Stücke 2 Minuten/ Varoma/ Stufe 1.

**3.** Füge Tomatenstücke, Tomatenmark, Salz, Zucker, Paprika, Pfeffer, Oregano und Pizzagewürz in den Mixtopf hinzu. Koche nun die Sauce 10 Minuten/ 100°C/ Stufe 1. Fülle die Sauce anschließend in eine Schale und lass sie darin auskühlen.

**4.** Reinige den Mixtopf gründlich. Rolle den Teig nach der Ruhezeit auf einem mit Backpapier belegten Backblech zu einem Rechteck aus (ca. 40 x 60 cm) und bestreiche ihn gleichmäßig mit der Pizzasauce. Lass dabei aber oben einen Rand frei.

**5.** Für die Füllung zerkleinerst du den Gouda im Mixtopf 7 Sekunden/ Stufe 8.

**6.** Schneide die Salami und den Kochschinken in kleine Stücke und verteile diese auf der Sauce. Streue dann 100 g des zerkleinerten Käses auf den Belag und rolle den belegten Teig der Länge nach auf. Lege die Rolle nun zu einem Kreis zusammen. Schneide den Kreis in 5 cm Abständen ein und lege die einzelnen Schnitte waagerecht. Bestreue den Kranz mit den restlichen 50 g Käse, decke ihn mit einem Küchentuch ab und lass den Kranz nochmals 10 Minuten gehen.

**7.** Backe den Kranz anschließend im vorgeheizten Backofen 22-25 Minuten/ 180°C
Ober-/Unterhitze. Kommt auf Partys super
an als Snack zwischendurch.

**mixtipp**

Du kannst den Kranz natürlich
auch mit anderen Zutaten
deiner Wahl belegen.

# DIPS
# & SAUCEN

*Ook een Hund is een Minschke!*

6 Portionen | 3 Min. | leicht

# ITALIENISCHER DIP

**Zubereitungszeit: 3 Minuten**
**Zutaten für 6 Portionen**

15 Basilikumblätter, frisch,
gewaschen

1 Knoblauchzehe

5 getrocknete, in Öl eingelegte
Tomaten

300 g Frischkäse, mit oder
ohne Kräuter, je nach Belieben

200 g Schmand

1 ½  TL Kräutersalz

**1.**  Zerkleinere zunächst die Basilikumblätter und
die Knoblauchzehe im Mixtopf 3 Sekunden/ Stufe 8.
Schiebe die Stücke mit dem Spatel nach unten. Gib
die Tomaten dazu und zerkleinere die Zutaten wiederum 3 Sekunden/ Stufe 5. Schiebe die Stücke wieder
mit dem Spatel nach unten.

**2.**  Füge nun auch Frischkäse, Schmand und Kräutersalz in den Mixtopf hinzu und verrühre die Masse
20 Sekunden/ Stufe 3.

**mix**tipp

Du kannst den Dip mit
Gemüsesticks oder auch als
Brotaufstrich genießen.

Das passende Video dazu findest Du hier:

**mix**tipp

Anstelle von Schmand
kannst du auch Quark
verwenden.

4 Portionen | 3-4 h 10 Min. | leicht

# JALAPEÑO-PAPRIKA-BASILIKUM-DIP

**Zubereitungszeit: 10 Minuten**
**Ruhezeit: 3-4 Stunden**
**Zutaten für 4 Portionen**

20 Basilikumblätter, frisch, gewaschen

½ Paprika, entkernt, in Stücken

15-25 g eingelegte Jalapeños, in Stücken

1 Knoblauchzehe

300 g Frischkäse

½ TL Salz

**1.** Gib Basilikum, Paprika, Jalapeños und Knoblauch in den Mixtopf und zerkleinere alles 5 Sekunden/ Stufe 5. Schiebe die Stücke mit dem Spatel nach unten.

**2.** Als Nächstes fügst du Frischkäse und Salz hinzu und verrührst die Mischung 10 Sekunden/ Stufe 3.

**3.** Lass den Dip anschließend im Kühlschrank 3-4 Stunden durchziehen. Sollte dir der Dip zu scharf sein, kannst du noch 200 g Schmand oder Quark unterrühren.

**mixtipp**

Den Dip kannst du gut zu Brot reichen, aber auch zu Gemüsesticks schmeckt er sehr lecker.

Das passende Video dazu findest Du hier:

4 Portionen | 5 Min. | leicht

# KÄSESAUCE ZU NACHOS –
## WIE IM KINO

**Zubereitungszeit: 5 Minuten**
**Zutaten für 4 Portionen**

60 g Milch

30 g Sahne

1 TL Sambal Oelek

5 g Senf

250 g Scheibletten-Käse
(Chester oder Gouda)

Cayennepfeffer, nach Belieben

**mixtipp**
Du kannst auch 1-2 Peperoni am Anfang zerkleinern und dann wie gehabt das Rezept weiterführen.

**1.** Erwärme Milch, Sahne, Sambal Oelek und Senf im Mixtopf 4 Minuten/ 60°C/ Stufe 2. Nach ca. 1,5 Minuten fügst du den Scheibletten-Käse in Stücken durch die Deckelöffnung hinzu. Der Käse schmilzt in der Flüssigkeit und somit ist deine Käsesauce fertig.

**2.** Wenn dir die Sauce nicht scharf genug ist, würze sie zum Schluss nach Belieben mit Cayennepfeffer und rühre sie 10 Sekunden/ Stufe 3 durch. Die Sauce hat eine supertolle Konsistenz, wenn sie warm ist. Wenn du die Sauce kalt genießen möchtest, verwende bitte die doppelte Flüssigkeitsmenge, denn im kalten Zustand ist die Sauce wesentlich fester. Ansonsten kannst du sie nach Belieben würzen. Ich hoffe dir gefällt das Rezept. Wir finden es MEGA!!!

Das passende Video dazu findest Du hier:

4-6 Portionen    3 Min.    leicht

# KRÄUTERBUTTER
## À LA FALKENSTEINSEE

**Zubereitungszeit: 3 Minuten**
**Zutaten für 4-6 Portionen**

250 g Butter, weich, in Stücken

1 Päckchen (50 g) 8-Kräuter-Mischung, TK

2 EL Currypulver

½ TL Salz

1 TL Gemüsebrühpulver

10 Spritzer Maggi-Würze, flüssig

**1.** Verrühre Butter, Kräutermischung, Curry, Salz, Gemüsebrühpulver und Maggi im Mixtopf 1 Minute/Stufe 4. Fertig ist die Kräuterbutter.

**2.** Diese Kräuterbutter habe ich das erste Mal auf dem Campingplatz Falkensteinsee gemacht, denn da habe ich den TM 31 immer dabei.

**mixtipp**
Reiche dazu gegrilltes Fladenbrot. Das ist einfach eine superleckere Kombination.

Das passende Video dazu findest Du hier:

| 4 Portionen | 35 Min. | leicht |

# KRÄUTERQUARK-DIP
## ZUM GRILLEN ODER ZU PELLKARTOFFELN

**Zubereitungszeit: 5 Minuten**
**Ruhezeit: 30 Minuten**
**Zutaten für 4 Portionen**

1 Knoblauchzehe

½ Zwiebel

500 g Magerquark

200 g Schmand

50 g Mineralwasser

½ TL Salz

2 Prisen Pfeffer

40 g 8-Kräuter-Mischung, TK

1 Prise Cayennepfeffer,
nach Belieben

**1.** Als Erstes zerkleinerst du Knoblauch und Zwiebel im Mixtopf 3 Sekunden/ Stufe 5. Schiebe die Stücke mit dem Spatel nach unten und wiederhole den Vorgang.

**2.** Füge Quark, Schmand, Mineralwasser, Salz, Pfeffer, Kräuter und nach Belieben Cayennepfeffer hinzu und verrühre alle Zutaten 30 Sekunden/ Stufe 4.

**3.** Lass den Dip anschließend 30 Minuten durchziehen und genieße ihn mit Gemüsesticks, Baguette oder auch Pellkartoffeln.

Das passende Video dazu findest Du hier:

4-6
Portionen    15 Min.    leicht

# PIZZABUTTER

**Zubereitungszeit: 15 Minuten**
**Zutaten für 4-6 Portionen**

1 Zwiebel, halbiert

1 Knoblauchzehe

140 g Butter, weich, in Stücken

200 g Möhren, geschält,
in Stücken

5 g Salz

2 TL Pizzagewürz

2 TL Oregano

50 g Tomatenmark

1 Prise Pfeffer

**1.** Zerkleinere Zwiebel und Knoblauch im Mixtopf 3 Minuten/ 100°C/ Stufe 2 und schiebe die Stücke mit dem Spatel nach unten. Gib 20 g Butter dazu und dünste die Zwiebel-Knoblauch-Stücke 3 Minuten/ 100 °C/ Stufe 2.

**2.** Füge die geschälten Möhren hinzu und zerkleinere alles 4 Sekunden/ Stufe 5. Schiebe anschließend die Stücke mit dem Spatel nach unten.

**3.** Nun gibst du auch Salz, Pizzagewürz, Oregano, Tomatenmark und Pfeffer dazu und erhitzt die Mischung 10 Minuten/ 90°C/ Stufe 3. Püriere danach die Zutaten 15 Sekunden/ Stufe 5 und lass die Pizzabutter in einer Schale abkühlen. Genieße die Butter mit leckerem Brot oder Gemüsesticks.

# HAUPTGERICHTE

*Eet, wat goor is! Drink wat kloor is!*
*Sech wat wohr is!*

4 Portionen | 55 Min. | mittel

# GEFÜLLTE PAPRIKA
## MIT REIS UND EINER
## GALGANT-SAUCE HOLLANDAISE

**Zubereitungszeit: 55 Minuten**
**Zutaten für 4 Portionen**

**Für die gefüllten Paprika:**

3 rote Paprika

1 Zwiebel

1 Knoblauchzehe

400 g Hackfleisch

50 g Paniermehl

1 TL Senf

½ TL Salz

2 Prisen Pfeffer

1 Ei, Größe M oder L

5-10 Spritzer Maggi-Würze, flüssig

2 Brühwürfel

220-250 g Reis

1000 g Wasser

**Für die Sauce:**

400 g Garflüssigkeit

1 TL Galgant

3 Eigelb, Größe M oder L

1 Ei, Größe M oder L

1 Spritzer Zitrone

120 g Butter, in Stücken

1 Prise Zucker

1 TL Hühnerbrühe

1 TL Senf

1 Prise Salz

2 ½ EL Mehl, Type 405

**1.** Als Erstes halbierst und entkernst du die Paprika und legst 5 Hälften in den Varoma.

**2.** Gib Zwiebel, Knoblauchzehe und die letzte Hälfte der Paprika in den Mixtopf und zerkleinere die Zutaten 3 Sekunden/ Stufe 5. Schiebe die Stücke mit dem Spatel nach unten. Nun gibst du Hackfleisch, Paniermehl, Senf, Salz, Pfeffer, Ei und die Maggi-Würze dazu und verrührst die Zutaten 2 Minuten/ Teigknetstufe.

**3.** Fülle mit dieser Masse die Paprikahälften und schließe den Varoma mit dem Deckel.

**4.** Gib die Brühwürfel in den Mixtopf und setze das Garkörbchen ein. Wiege den Reis und das Wasser ein und schließe den Deckel. Setze den Varoma auf und gare alles 30 Minuten/ Varoma/ Stufe 1.

**5.** Stelle anschließend den Varoma und das Garkörbchen warm und fange die Garflüssigkeit aus dem Mixtopf auf.

**6.** Nun gibst du alle Zutaten für die Sauce in den Mixtopf und verrührst sie 5 Minuten/ 70°C/ Stufe 5.

**7.** Serviere anschließend die gefüllten Paprika mit Reis und Sauce.

**mixtipp**

Galgant gehört zu den Ingwergewächsen und besitzt ein Aroma, das dem Ingwer sehr ähnelt, aber etwas milder ist. Wenn du keinen Galgant bekommst, kannst du ihn durch Ingwer ersetzen. Galgant hat einen pfeffrigen Geschmack und wird besonders in der thailändischen oder indonesischen Küchen z.B. in Gerichten wie Nasi-goreng eingesetzt.

Das passende Video dazu findest Du hier:

4 Portionen | 45-50 Min. | mittel

# SPARGEL MIT KARTOFFELN UND SAUCE HOLLANDAISE

**Zubereitungszeit: 45-50 Minuten**
**Zutaten für 4 Portionen**

500-700 g Kartoffeln,
festkochend, geschält,
in mundgerechten Stücken

800-1000 g Spargel, frisch
oder TK, aufgetaut, geschält

800 g Wasser

1 TL Salz

**Für die Sauce hollandaise:**

500 g Garflüssigkeit

3 Eigelb, Größe M oder L

1 ganzes Ei, Größe M oder L

130 g Butter, in Stücken

45 g Mehl, Type 405

1 gestr. TL Senf

5 g Zitronensaft

1 Prise Zucker

1 ½  TL Brühe

½ TL Salz

2 Prisen Pfeffer

**1.** Schäle als Erstes die Kartoffeln und den Spargel. Gib die Kartoffeln in das Garkörbchen, den Spargel in den Varoma (pro Schicht über Kreuz, siehe Foto) und Wasser und Salz in den Mixtopf. Hänge das Garkörbchen ein, schließe den Deckel und setze den Varoma auf. Gare beides 30 Minuten/ Varoma/ Stufe 1. Mache am Ende eine Garprobe beim Spargel. Wenn er noch nicht gar ist, lass die Zutaten 5 Minuten weiterkochen.

**2.** Setze den Varoma ab und lege ein Geschirrhandtuch zum Warmhalten darüber. Nimm das Garkörbchen mit Hilfe des Spatels aus dem Mixtopf und stelle die Kartoffeln warm.  Lass 500 g der Garflüssigkeit im Mixtopf, gib Eigelb, Ei, Butter, Mehl, Senf, Zitronensaft, Zucker, Brühe, Salz und Pfeffer dazu und verrühre die Sauce 5 Minuten/ 70°C/ Stufe 5.

**3.** Nun kannst du alles zusammen servieren.

**mixtipp**

Damit es zügig geht, stelle ich mir die Butter für die Sauce hollandaise schon vorher bereit. Die restlichen Zutaten gebe ich z.B. in einen Kaffeebecher, damit ich sie zusammen in die Garflüssigkeit geben kann.

Das passende Video dazu findest Du hier:

mix**tipp**

Wir essen gerne Schnitzel
(aus der Pfanne) dazu.

4 Portionen | 40 Min. | mittel

# WIRSING MIT KASSLER, KARTOFFELN UND SAUCE

**Zubereitungszeit: 40 Minuten**
**Zutaten für 4 Portionen**

ca. 500 g Kartoffeln,
festkochend, geschält

ca. 500 g Wirsing, gewaschen

4 Scheiben Kassler
(ca. 1 cm dick)

700 g Wasser

1 Würfel Gemüsebrühe

**Für die Sauce:**

50 g Butter

45 g Mehl, Type 405

500 g Garflüssigkeit

2 Prisen Muskat

1 Prise Pfeffer

½ TL Salz

**1.** Schäle die Kartoffeln und wasche den Wirsing. Schneide nun die Kartoffeln und den Wirsing in mundgerechte Stücke. Gib die Kartoffeln ins Garkörbchen und den Wirsing in den Varoma. Verteile die Kasslerscheiben auf dem Wirsing. Fülle Wasser und Gemüsebrühe in den Mixtopf, hänge das Garkörbchen ein, schließe den Deckel, setze den Varoma auf und gare die Zutaten 30 Minuten/ Varoma/ Stufe 1.

**2.** Halte nach der Garzeit alles warm. Fange das Garwasser aus dem Mixtopf auf und gib anschließend Butter, Mehl, 500 g der Garflüssigkeit, Muskat, Pfeffer und Salz in den Mixtopf und koche aus den Zutaten 4 Minuten/ 100°C/ Stufe 3 eine Sauce.

mix**tipp**

Wer möchte, gibt noch eine
oder zwei geräucherte
Mettwürste mit in
den Varoma.

3 Portionen | 30 Min. | leicht

# TORTELLINI MIT GEMÜSE UND KÄSESAUCE

**Zubereitungszeit: 30 Minuten**
**Zutaten für 3 Portionen**

3 Möhren, geschält, in Würfeln

400 g Tortellini aus dem Kühlregal

1 Zwiebel

10 g Olivenöl

50 g rohe Schinkenwürfel

500 g Wasser

1 Würfel Brühe

**Für die Sauce:**

400 g Garflüssigkeit

1 EL 8 Kräuter-Mischung, TK

½ TL Senf

25 g Mehl, Type 405

4 Scheiben Scheibletten-Käse (Chester oder Gouda)

½ TL Salz

1 Prise Pfeffer

**1.** Zunächst schälst du die Möhren und würfelst sie. Gib sie anschließend in das Garkörbchen. Die Tortellini verteilst du im Varoma.

**2.** Nun zerkleinerst du die Zwiebel im Mixtopf 3 Sekunden/ Stufe 5. Schiebe die Reste mit dem Spatel nach unten. Füge das Öl und die Schinkenwürfel hinzu, dünste beides 3 Minuten/ Varoma/ Stufe 1. Gib Wasser und Brühe dazu, setze das Garkörbchen ein, schließe den Deckel, setze den Varoma auf und koche die Zutaten 20 Minuten/ 100°C/ Stufe 1.

**3.** Setze anschließend den Varoma ab und decke ihn mit einem Geschirrhandtuch ab, damit die Tortellini warm gehalten werden. Entferne das Garkörbchen mit Hilfe des Spatels und halte auch die Möhrenstücke warm. Fange das Garwasser auf.

**4.** Weiter geht's mit der Sauce: Gib 400 g der aufgefangenen Garflüssigkeit, die Kräuter, den Senf, das Mehl, den Käse, das Salz und den Pfeffer in den Mixtopf und verrühre die Zutaten 4,5 Minuten/ 100°C/ Stufe 4.

**5.** Schmecke die Sauce zum Schluss noch mit Salz und Pfeffer ab und gib sie gemeinsam mit den Tortellini und den Möhren in eine Schüssel. Rühre die Zutaten einmal ordentlich durch und fertig!

mix*tipp*

Die Möhren kann man auch durch Brokkoli- oder Blumenkohlröschen austauschen.

**mixtipp**

Anstelle der Schinkenwürfel kannst du am Ende auch etwas gewürfelten Kochschinken in der Schüssel mit unterrühren.

**mixtipp**

Für eine vegetarische Variante können die Schinkenwürfel auch weggelassen werden.

3 Portionen | 30 Min. | leicht

# KARTOFFELPÜREE
## AUS DEM THERMOMIX
# MIT BRATWURST
## UND ZWIEBELN AUS DER PFANNE

**Zubereitungszeit: 30 Minuten**
**Zutaten für 3 Portionen**

**Für das Kartoffelpüree:**

650 g Kartoffeln, festkochend, geschält und geachtelt

250 g Milch

5 g Salz

30 g Butter

2 Prisen Muskat

**Für die Beilage:**

6 Bratwürste

4 Zwiebeln, in Ringe geschnitten

1 Prise Salz

1 Prise Pfeffer

1 Prise Paprika

Öl zum Braten

**1.** Koche für das Püree Kartoffeln, Milch, Salz, Butter und Muskat im Mixtopf 27 Minuten/ 90°C/ Stufe 2.

**2.** Währenddessen brätst du die Bratwürste und die Zwiebeln in der Pfanne mit etwas Öl an. Kurz bevor die Zwiebeln glasig braun sind, bestreust du sie mit Salz, Pfeffer und Paprika und verrührst alles.

**3.** Serviere nun das Kartoffelpüree mit den gebratenen Zwiebeln und den Bratwürsten.

**mixtipp**
Wenn du mehligkochende Kartoffeln verwendest, musst du die Kochzeit auf ca. 24 Minuten verringern.

THERMIMAUS 2

**mixtipp**

Um ein cremigeres Püree zu erhalten, setzt du bei Schritt 1 den Schmetterling ein. Ich allerdings nutze den Schmetterling nicht. Wir mögen es lieber ohne.

ca.
4 Portionen

1 h
30-35 Min.

leicht

# PIZZA SPINACI

Zubereitungszeit: 20 Minuten
Ruhezeit: 1 Stunde
Backzeit: 10-15 Minuten, 230°C
 Ober-/Unterhitze
Zutaten für ca. 4 Portionen

180 g mittelalter Gouda,
in Stücken

20 g Trockenhefe

160 g lauwarmes Wasser

5 g Zucker

300 g Mehl, Type 405

20 g Olivenöl

5 g Salz

1 TL Pizzagewürz

3 Knoblauchzehen

250 g Schafskäse

ca. 100 g passierte Tomaten

1 TL Pizzagewürz

120 g TK-Spinat, aufgetaut
und abgetropft

Pizzagewürz oder Oregano
zum Bestreuen

**1.** Zerkleinere als Erstes den Gouda im Mixtopf 3 Sekunden/ Stufe 5 und fülle ihn in eine separate Schale.

**2.** Gib Hefe, Wasser, Zucker, Mehl, Öl, Salz und Pizzagewürz in den Mixtopf und bereite aus den Zutaten 3 Minuten/ Teigknetstufe einen Hefeteig zu. Fülle den Teig in eine Schale, bedecke diese mit einem Küchentuch und lass den Teig 1 Stunde an einem warmen Ort gehen.

**3.** Spüle in der Zwischenzeit den Mixtopf gründlich und zerkleinere anschließend darin die Knoblauchzehen 3 Sekunden/ Stufe 5. Schiebe die Stücke mit dem Spatel nach unten und zerkleinere sie nochmal 3 Sekunden/ Stufe 5. Fülle den zerkleinerten Knoblauch in ein Schälchen um.

**4.** Nimm den Schafskäse und schneide ihn in Stücke. Heize den Backofen auf 230°C Ober-/Unterhitze vor.

**5.** Rolle nach der Ruhezeit den Teig auf einem mit Backpapier ausgelegten Backblech oder Pizzastein aus. Bestreiche den ausgerollten Teig mit passierten Tomaten und bestreue ihn nach Belieben mit Pizzagewürz oder Oregano. Verteile nun auch Spinat, Schafskäse, Knoblauch und Gouda auf die Pizza und backe sie unter Beobachtung im vorgeheizten Backofen 10-15 Minuten/ 230°C Ober-/Unterhitze aus.

Das passende Video dazu findest Du hier:

4 Portionen | 65 Min. | leicht

# ÜBERBACKENE NUDELN
## MIT BROKKOLI

**Zubereitungszeit: 25 Minuten**
**Backzeit im Ofen: 40 Minuten,**
 **180°C Umluft**
**Utensilien: 1 Auflaufform**
**Zutaten für 4 Portionen**

---

150 g mittelalter Gouda,
in Stücken

---

1 Zwiebel, halbiert

---

1 Knoblauchzehe

---

20 g Olivenöl

---

600 g Milch

---

15 g Mehl, Type 405

---

1 Brühwürfel

---

5 g Salz

---

1 EL 8-Kräuter-Mischung, TK

---

2 Prisen Currypulver

---

2 Prisen Pfeffer

---

2 Prisen Paprikapulver

---

200 g Makkaroni
(7-8 Minuten Kochzeit)

---

100 g Kochschinken, in Würfeln

---

1 Brokkoli, gewaschen,
in kleinen Röschen

---

Butter für die Form

---

**1.** Als Erstes zerkleinerst du den Gouda im Mixtopf 4 Sekunden/ Stufe 6 und füllst ihn in eine Schale um. Du brauchst den Mixtopf nicht zu reinigen.

**2.** Zerkleinere als Nächstes Zwiebel und Knoblauch im Mixtopf 3 Sekunden/ Stufe 5 und schiebe die Stücke mit einem Spatel nach unten. Gieße das Öl ein und dünste die Zwiebel-Knoblauch-Stücke darin 3 Minuten/ Varoma/ Stufe 1.

**3.** Heize den Backofen auf 180°C Umluft vor und fette eine Auflaufform mit etwas Butter ein.

**4.** Füge dann Milch, Mehl, Brühwürfel, Salz, Kräuter-mischung, Currypulver, Pfeffer und Paprikapulver hinzu und verrühre die Zutaten 6 Minuten/ 95°C/ Stufe 3.

**5.** Schichte abwechselnd die Nudeln, den Kochschin-ken und den Brokkoli in die gefettete Auflaufform. Wenn die Sauce fertig ist, gießt du diese gleichmäßig über die Nudel-Brokkoli-Schicht und verteilst dann den Käse darüber.

**6.** Backe den Auflauf nun im vorgeheizten Backofen 40 Minuten/ 180°C Umluft.

Reiche dazu ein Stück Baguette.

THERMIMAUS 2

**mixtipp**

Du kannst anstatt Brokkoli auch Blumenkohl oder ein anderes Gemüse deiner Wahl verwenden.

8 Stück    50 Min.    leicht

# VEGETARISCHE LINSEN-FRIKADELLEN

**Zubereitungszeit: 50 Minuten**
**Utensilien: 1 Pfanne**
**Zutaten für 8 Stück**

---

200 g braune Linsen aus der Tüte, nicht aus der Dose, z.B. von Müllers Mühle

---

450 g Wasser

---

1 Brühwürfel

---

1 kleine Zwiebel, halbiert

---

½ Paprika, entkernt, in Stücken

---

1 Ei, Größe M

---

5 g Salz

---

1 Prise Pfeffer

---

Maggi flüssig, nach Belieben oder alternativ andere Gewürze deiner Wahl

---

40-60 g Haferflocken, alternativ Paniermehl

---

Öl zum Braten

**1.** Zerkleinere die Linsen im Mixtopf 5 Sekunden/ Stufe 6 und gib das Wasser und den Brühwürfel dazu. Koche die Linsen nun 18 Minuten/ 100°C/ Stufe 1. Fülle die Masse anschließend in eine Schale und lass sie 15 Minuten abkühlen. Du musst den Mixtopf nicht reinigen.

**2.** Nach der Abkühlzeit zerkleinerst du Zwiebel und Paprika im Mixtopf 5 Sekunden/ Stufe 5 und schiebst die Stücke mit dem Spatel nach unten. Füge nun die Linsenmasse, Ei, Salz, Pfeffer, Maggi und Haferflocken hinzu und verrühre die Zutaten 1 Minute/ Stufe 2.

**3.** Forme aus der Masse ca. 8 Frikadellen und brate diese in einer Pfanne mit etwas Öl an.

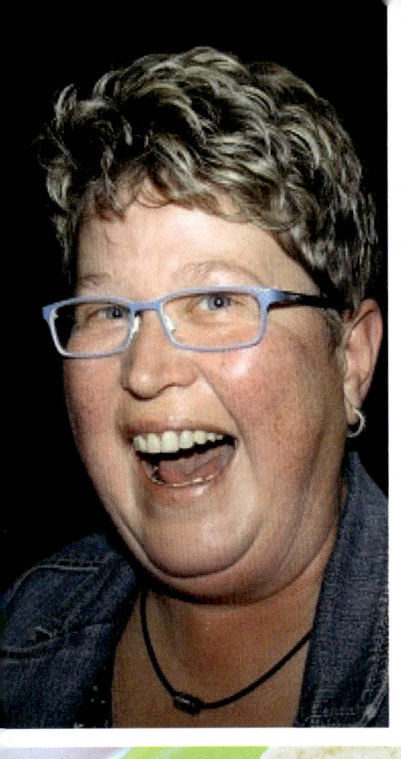

# SÜSSES

*Schiet egol of Teetied ode Koffjetied –*
*Hauptsook wi hem Tied dorvör!*

1 Backblech | 50-55 Min. | leicht

# PUDDING-SCHMAND-KUCHEN VOM BLECH

Zubereitungszeit: 20 Minuten
Backzeit: 30-35 Minuten, 180°C
  Ober-/Unterhitze
Utensilien: 1 Backblech
  mit hohem Rand
Zutaten für 1 Backblech

250 g Margarine

160 g Zucker

4 Eier, Größe M

250 g Mehl, Type 405

1 Päckchen Backpulver

Butter für das Blech

750 g Milch

80 g Zucker

2 Päckchen Puddingpulver zum
Kochen, z.B. von Dr. Oetker

Früchte nach Wahl, z.B. 1 Glas
Kirschen, 680 g oder 1 Dose
Aprikosen, 850 g

400 g Schmand

Saft der Früchte nach Wahl

Wasser

40 g Zucker

2 Päckchen Tortenguss, klar

**1.** Heize den Backofen auf 180 °C Ober-/Unterhitze vor.

**2.** Zuerst rührst du für den Teig Margarine, Zucker und Eier im Mixtopf 3 Minuten/ Stufe 4 schaumig auf. Gib dann Mehl und Backpulver dazu und verrühre alle Zutaten 30 Sekunden/ Stufe 4 zu einem Teig.

**3.** Fette ein Backblech mit hohem Rand mit etwas Butter ein und rolle den Teig darin aus. Jetzt geht's ab in den vorgeheizten Backofen 15 Minuten/ 180°C Ober-/Unterhitze.

**4.** Währenddessen bereitest du den Pudding vor. Dafür reinigst du den Mixtopf gründlich und setzt den Schmetterling ein. Verrühre dann Milch, Zucker und Puddingpulver im Mixtopf 7,5 Minuten/ 100°C/ Stufe 3 zu einem Pudding. Lass in der Zeit die Früchte jeweils abtropfen und fange dabei den Saft der Aprikosen auf.

**5.** Gib anschließend den Schmand in den heißen Pudding und rühre ihn 10 Sekunden/ Stufe 3 ein. Verteile nun die heiße Masse auf den noch heißen Kuchen und verteile darauf die abgetropften Früchte. Drücke die Früchte etwas in den Pudding ein und backe den Kuchen im vorgeheizten Backofen weitere 15-20 Minuten/ 180°C Ober-/Unterhitze fertig.

**6.** Reinige den Mixtopf gründlich und bereite den Guss zu. Dafür setzt du den Schmetterling ein und gibst den Saft der Früchte in den Mixtopf hinein. Fülle diesen bis 500 g mit Wasser auf. Füge den Zucker und das Tortengusspulver hinzu und koche die Mischung 7 Minuten/ 100 °C/ Stufe 3 auf. Lass den Tortenguss ein paar Minuten abkühlen und verteile ihn auf dem Kuchen. Wenn der Kuchen komplett ausgekühlt ist, kannst du ihn genießen.

Das passende Video dazu findest Du hier:

28 Stück | 30-32 Min. | leicht

# HASELNUSS-ZIMT-BÄLLCHEN –
## SUPER ZUR EIWEISSVERWERTUNG UND GLUTENFREI

**Zubereitungszeit:** 15 Minuten
**Backzeit:** 15-17 Minuten, 160°C
  Ober-/Unterhitze
**Utensilien:** 1 Backblech
**Zutaten für 28 Stück**

| |
|---|
| 2 Eiweiß, Größe M oder L |
| 200 g ganze Haselnüsse |
| 150 g Zucker |
| ½ TL Zimt |

**1.** Setze den Schmetterling ein und schlage das Eiweiß im Mixtopf 2 Minuten/ Stufe 4 zu Eischnee. Fülle den Eischnee in eine separate Schale. Du brauchst den Mixtopf anschließend nicht auszuspülen.

**2.** Gib nun die Nüsse in den Mixtopf und zerkleinere sie 30 Sekunden/ Stufe 10.

**3.** Füge dann Eischnee, Zucker und Zimt hinzu und verrühre alles 30 Sekunden/ Stufe 3.

**4.** Heize den Backofen auf 160°C Ober-/Unterhitze vor.

**5.** Befeuchte deine Hände mit Wasser und forme aus der Masse 28 Kugeln. Lege die Kugeln auf ein mit Backpapier belegtes Backblech, drücke sie etwas flach und verziere jede Kugel mit einer ganzen Nuss.

**6.** Jetzt geht's ab in den vorgeheizten Backofen. Backe die Bällchen 15-17 Minuten/ 160 °C Ober-/Unterhitze aus.

THERMIMAUS 2

Das passende Video dazu findest Du hier:

28 Stück | 32 Min. | leicht

# ENGELSAUGEN

Zubereitungszeit: 15 Minuten
Backzeit: 17 Minuten, 170°C
  Ober-/Unterhitze
Utensilien: 1 Backblech,
  1 Holzlöffel, optional:
  1 Garnierspritze
Zutaten für 28 Stück

60 g Zucker

2 Eigelb, Größe M oder L

220 g Mehl, Type 405

2 TL Vanillezucker
(selbstgemacht)

150 g weiche Butter, in Stücken

2 EL Erdbeergelee/-marmelade

**1.** Verrühre als Erstes Zucker, Eigelb, Mehl, Vanillezucker und Butter im Mixtopf 30 Sekunden/ Stufe 4.

**2.** Wickele den Teig in Frischhaltefolie und gib ihn für ca. 30 Minuten in den Kühlschrank.

**3.** Heize den Backofen auf 170°C Ober-/Unterhitze vor. Teile den Teig anschließend in zwei Hälften. Forme den Teig zu einer Schlange und schneide ihn in Stücke. Forme daraus dann 14 Kugeln und setze sie aufs Backblech. Wiederhole den Vorgang mit der anderen Hälfte des Teiges.

**4.** Drücke mit dem Stiel vom Holzlöffel kleine Vertiefungen in die Kugeln. Danach gibst du das Gelee in die Vertiefungen. Ich habe es mit einer Garnierspritze gemacht.

**5.** Nun geht's ab in den vorgeheizten Backofen für 17 Minuten/ 170°C Ober-/Unterhitze.

**6.** Wenn die Engelsaugen aus dem Backofen kommen, sind sie erst noch etwas weich – nach dem Abkühlen sind sie dann aber schön knusprig.

mix**tipp**

Wer kein Gelee zu Hause hat, sondern nur Marmelade, gibt 2 EL Marmelade in den Thermomix und passiert sie 5 Sekunden/ Stufe 5 – FERTIG!!!!

mix**tipp**

Du kannst auch anderes Gelee deiner Wahl verwenden.

Das passende Video dazu findest Du hier:

ca. 20 Stück | ca. 1 h 3 Min. | leicht

# BUNTE FENSTERGLASPLÄTZCHEN

**Zubereitungszeit: 20 Minuten**
**Ruhezeit: 30 Minuten**
**Backzeit: ca. 13 Minuten,**
 **170°C Umluft**
**Zutaten für ca. 20 Stück**

15 Campino-Frucht-Bonbons,
3 x 5 Stück pro
Geschmacksrichtung

100 g Zucker

200 g weiche Butter, in Stücken

1 TL Vanillezucker

250 g Mehl, Type 405

**1.** Zuerst werden die Bonbons zerkleinert. Gib von einer Geschmacksrichtung 5 Stück in den Mixtopf und zerkleinere sie 3 Sekunden/ Stufe 6. Nun wird das Bonbon-Pulver umgefüllt und der Vorgang wird mit den anderen Geschmacksrichtungen wiederholt.

**2.** Heize den Backofen auf 170°C Umluft vor. Als nächstes wird der Teig hergestellt:

**3.** Gib den Zucker in den Mixtopf und pulverisiere ihn 10 Sekunden/ Stufe 10. Warte 2 Minuten, bevor du den Mixtopfdeckel öffnest, da der Zucker sonst zu sehr staubt. Füge Butter und Vanillezucker hinzu und rühre beides 30 Sekunden/ Stufe 4 schaumig. Gib das Mehl dazu und knete den Teig 1 Minute/ Teigknetstufe.

**4.** Wickle den fertigen Teig in Frischhaltefolie ein und gib ihn für 30 Minuten in den Kühlschrank.

**5.** Bemehle nun die Arbeitsfläche, rolle den Teig darauf aus und steche ihn aus. Für den äußeren Rand habe ich ein Glas genommen – suche dir für den inneren Kreis etwas Kleineres zum Ausstechen.

**6.** Gib die Kekse in den vorgeheizten Backofen und backe sie schon mal 5 Minuten/ 170°C Umluft vor. Nun gibst du etwas Bonbon-Staub in die Mitte der Kekse und backst sie zu Ende, bis der Bonbon-Staub geschmolzen ist. Das dauert ca. 5-8 Minuten/ 170°C Umluft, halte dabei Sichtkontakt.

**7.** Vorsicht, die Bonbon-Masse ist sehr heiß! Lass die Kekse anschließend komplett auskühlen.

Das passende Video dazu findest Du hier:

16 Stück | 3 h 5 Min. | leicht

# CINNAMON ROLLS –
## ZIMTSCHNECKEN

**Zubereitungszeit: 15 Minuten**
**Ruhezeit: 2 ½ Stunden**
**Backzeit: 20 Minuten, 180°C**
 **Ober-/Unterhitze**
**Utensilien: 1 Backblech**
**Zutaten für 16 Stück**

**Für den Teig:**

| |
|---|
| 250 g Milch |
| 20 g Hefe, frisch |
| 70 g Butter, weich, in Stücken |
| 60 g Zucker |
| 5 g Salz |
| 2 Eier, Größe M |
| 500 g Mehl, Type 405 |

**Für die Füllung:**

| |
|---|
| 70 g Butter, weich, in Stücken |
| 70 g brauner Zucker |
| 1 ½ EL Zimt |

**Für das Topping:**

| |
|---|
| 80 g Zucker |
| 60 g Butter, weich, in Stücken |
| 160 g Frischkäse |
| 10 g Vanillezucker |

**1.** Verrühre als Erstes Milch, Hefe, Butter und Zucker im Mixtopf 3 Minuten/ 37°C/ Stufe 2. Füge Salz, Eier und Mehl hinzu und verrühre die Zutaten 3 Minuten/ Teigknetstufe zu einem Teig. Fülle den Teig in eine Schale um, bedecke die Schale mit einem Küchentuch und lass den Teig darin 2 Stunden an einem warmen Ort gehen.

**2.** Bestäube eine Arbeitsfläche mit Mehl und lege den Teig darauf. Drücke den Teig vorsichtig flach und rolle ihn zu einem Rechteck aus (ca. 40 x 60 cm).

**3.** Verteile dann die weiche Butter auf dem ausgerollten Teig und vermische in einem Schälchen Zucker und Zimt. Bestreue den Teig mit der Zucker-Zimt-Mischung.

**4.** Jetzt rollst du den Teig über die lange Seite auf und schneidest die Teigrolle in 16 Scheiben. Lege die Teigscheiben mit der Schnittfläche nach unten auf ein gefettetes Backblech. Achte darauf, dass du zwischen den Teigscheiben etwas Platz lässt, da der Teig noch aufgeht. Bedecke die Teigscheiben mit einem Küchentuch und lass sie 30 Minuten an einem warmen Ort gehen.

**5.** Reinige und trockne den Mixtopf gründlich.

**6.** Backe die Teigscheiben im vorgeheizten Backofen 20 Minuten/ 180°C Ober-/Unterhitze goldbraun.

**7.** In der Zwischenzeit bereitest du das Topping zu. Dafür pulverisierst du als Erstes den Zucker im Mixtopf 10 Sekunden/ Stufe 10. Warte 2 Minuten bevor du den Deckel öffnest, da der Puderzucker zu sehr staubt und füge dann Butter, Frischkäse und Vanillezucker in den Mixtopf. Verrühre die Zutaten 1 Minute/ Stufe 4.

**8.** Streiche nun das Frischkäse-Topping auf die noch warmen Cinnamon Rolls und genieße sie am besten warm.

Das passende Video dazu findest Du hier:

16 Stück | 3 h 20 Min. | leicht

# NUSS-MANDEL-KUCHEN

**Zubereitungszeit: 15 Minuten**
**Ruhezeit: 2 ½ Stunden**
**Backzeit: 35 Minuten, 180°C**
  **Umluft**
**Utensilien: 1 Kastenform, 30 cm**
**Zutaten für 16 Stück**

**Für den Teig:**

100 g Mandeln, ganz

100 g Haselnüsse, ganz

4 Eier, Größe M

160 g Butter, weich, in Stücken

150 g Zucker

60 g Mehl, Type 405

1 TL Backpulver

1 Prise Salz

Butter für die Form

**Für die Glasur:**

150 g Schokolade nach Wahl, in Stücken

30 g Milch

Nüsse zum Dekorieren

**1.** Heize den Backofen auf 180°C Umluft vor.

**2.** Zerkleinere Mandeln und Haselnüsse zusammen im Mixtopf 10 Sekunden/ Stufe 10 und fülle die Mischung in eine Schale um.

**3.** Verrühre nun Eier, Butter und Zucker im Mixtopf 3 Minuten/ Stufe 4 und füge Mehl, Backpulver, Salz und die Mandel-Nussmischung hinzu. Vermische alle Zutaten 10 Sekunden/ Stufe 4 und fülle den Teig in eine gefettete Kastenform. Bedecke die Form mit Backpapier und backe den Kuchen 35 Minuten/ 180°C Umluft.

**4.** Lass den Kuchen nach dem Backen abkühlen.

**5.** Bereite dann die Glasur zu. Dafür zerkleinerst du die Schokolade im gereinigten Mixtopf 6 Sekunden/ Stufe 10. Füge nun die Milch hinzu und schmilz die Schokolade darin 4 Minuten/ 50°C/ Stufe 2. Verteile die Glasur gleichmäßig über den Kuchen und dekoriere ihn zum Abschluss mit Nüssen.

mixtipp

Der Kuchen schmeckt natürlich auch ohne Glasur.

35 Stück | 1 h | leicht

# SCHNEEFLOCKEN

**Zubereitungszeit: 10 Minuten**
**Ruhezeit: 30 Minuten**
**Backzeit: 20 Minuten, 170°C**
  **Umluft**
**Zutaten für 35 Stück**

60 g Zucker

130 g Butter, weich, in Stücken

2 TL Vanillezucker

1 Prise Salz

70 g Mehl, Type 405

130 g Speisestärke

Puderzucker zum Bestäuben

**1.** Pulverisiere zuerst den Zucker 25 Sekunden/ Stufe 10. Warte 2 Minuten bevor du den Deckel öffnest, da der Zucker zu sehr staubt. Gib Butter und Vanillezucker dazu und schlage die Mischung 1 Minute/ Stufe 4 schaumig auf.

**2.** Als Nächstes fügst du Salz, Mehl und Speisestärke hinzu und verrührst die Zutaten 2 Minuten/ Teigknetstufe zu einem Teig.

**3.** Wickle den Teig in Frischhaltefolie und lege ihn für 30 Minuten in den Kühlschrank.

**4.** Forme anschließend ca. 35 kleine Kugeln aus dem Teig. Ich forme dafür den Teig zu einer Schlange und schneide diese dann in Stücke. Lege die Stücke auf ein mit Backpapier belegtes Backblech. Drücke die Teigstücke mit einer Gabel etwas flach, so erhältst du außerdem ein schönes Muster.

**5.** Heize den Backofen auf 170°C Umluft vor. Backe die Teigstücke ca. 20 Minuten/ 170°C Umluft aus. Wenn man die Schneeflocken aus dem Backofen holt, sind sie noch etwas weich. Ausgekühlt sind sie aber schön knusprig. Streue etwas Puderzucker über die Schneeflocken und genieße sie.

ca.
10 Waffeln

10 Min.

leicht

# BELGISCHE WAFFELN
## MIT HEISSEN KIRSCHEN

Zubereitungszeit: 10 Minuten
Utensilien: 1 Sieb, 1 Waffeleisen
  (für belgische Waffeln)
Zutaten für ca. 10 Waffeln

**Für die Waffeln:**

3 Eier, Größe M oder L

150 g Zucker

150 g Butter, weich, in Stücken

2 TL Vanillezucker

250 g Milch

20 g Vanillepuddingpulver,
z.B. von Dr. Oetker

1 TL Backpulver

220 g Mehl, Type 405

**Für die heißen Kirschen:**

1 Glas Sauerkirschen, 680 g

20 g Speisestärke

20 g Zucker

1 TL Vanillezucker

evtl. 20 g Amaretto

**1.** Für den Waffelteig verrührst du zunächst Eier, Zucker und Butter im Mixtopf 3 Minuten/ Stufe 5. Gib anschließend noch Vanillezucker, Milch, Puddingpulver, Backpulver und Mehl hinzu und vermische die Zutaten 15 Sekunden/ Stufe 5 zu einem Teig. FERTIG! Fülle den Teig in eine separate Schüssel um.

**2.** Nun kümmern wir uns um die Sauce. Gib dafür die Kirschen in ein Sieb und fange den Saft auf. Fülle den Kirschsaft (ca. 340 g) in den Mixtopf. Füge Speisestärke, Zucker, Vanillezucker und Amaretto hinzu und koche die Mischung 6 Minuten/ 100°C/ Stufe 3 auf. Gib nun die Kirschen dazu und rühre sie 1 Minute/ 70°C/ Linkslauf/ Stufe 1 unter.

**3.** Backe die Waffeln anschließend in einem Waffeleisen aus, gib die Kirschen auf die Waffeln und genieße sie mit einer Tasse Tee oder Kaffee.

**mixtipp**
Eine Kugel Vanilleeis, frisch aufgeschlagene Sahne oder Puderzucker sind eine perfekte Ergänzung zu den Waffeln!

6 Gläser

10 Min.

leicht

# GIOTTO-DESSERT

**Zubereitungszeit:** 10 Minuten
**Utensilien:** 6 Gläser á 100 ml
**Zutaten für 6 Gläser**

4 Riegel Giotto (36 Kugeln)

200 g Schmand

250 g Naturjoghurt, 1,5 % Fett

1-2 EL Kaba-Pulver

**1.** Gib 30 Giotto-Kugeln in den Mixtopf und zerkleinere sie 3 Sekunden/ Stufe 5. Stelle 2 EL der Masse für die spätere Verwendung zur Seite. Zu der restlichen Masse gibst du nun den Schmand und den Joghurt dazu und verrührst die Zutaten 10 Sekunden/ Stufe 3.

**2.** Die Hälfte der Creme wird nun auf die 6 Gläser aufgeteilt. Die 2 EL Giotto-Masse, die du zur Seite gestellt hast, wird nun als dünne Schicht auf die helle Schicht in die Gläser verteilt. Zur übrigen Creme in den Mixtopf füllst du nun das Kaba-Pulver und verrührst die Zutaten nochmals 10 Sekunden/ Stufe 3.

**3.** Verteile nun auch die übrige Creme aus dem Mixtopf in die Gläser und verziere sie mit den restlichen Giottos.

mix**tipp**

Quark-Freunde können auch anstatt Joghurt Quark nehmen. Dann aber bitte 40 g Milch zugeben, damit das Dessert cremiger wird.

| 4 Portionen | ca. 1 h 28 Min. | mittel |

# OSTFRIESISCHER MEHLPÜTT, AUCH KLÜTJE GENANNT, MIT VANILLESAUCE

**Zubereitungszeit: 36 Minuten + 6,5 Minuten**
**Gehzeit: 45 Minuten**
**Zutaten für 4 Portionen**

**Für den Mehlpütt:**

125 g Milch

20 g Zucker

20 g frische Hefe

320 g Mehl, Type 405

1 Ei, Größe M oder L

40 g Butter

1 Prise Salz

700 g Wasser

**Für die Sauce:**

650 g Milch

1 Tütchen Vanillepuddingpulver, z.B. von Dr. Oetker

20 g Zucker

**1.** Erwärme als erstes Milch, Zucker und Hefe im Mixtopf 1 Minute/ 37°C/ Stufe 2. Gib Mehl, Ei, Butter und Salz dazu und vermenge die Zutaten 5 Minuten/ Teigknetstufe zu einem Teig. Fülle den fertigen Teig anschließend in eine Schüssel und lass ihn abgedeckt an einem warmen Ort 45 Minuten gehen.

**2.** Pinsele den Varoma leicht mit Öl ein und forme aus dem Teig vier Klöße. Verteile diese nun im Varoma. Da die Klöße noch aufgehen, dürfen die Luftlöcher vom Varoma nicht versperrt sein. Deshalb lege ich in die Mitte eine Plätzchen-Ausstechform. Somit kann immer genug Dampf eindringen.

**3.** Fülle 700 g Wasser in den Mixtopf, schließe den Deckel, setze den Varoma auf und gare die Klöße 30 Minuten/ Varoma/ Stufe 1. Nimm nach dieser Garzeit den Varoma herunter und decke ihn zum Warmhalten mit einem Handtuch ab.

**4.** Entferne die Garflüssigkeit aus dem Mixtopf und gib die Saucenzutaten hinein. Lass diese 6,5 Minuten/ 100°C/ Stufe 3 aufkochen.

12 kleine Brötchen | 25-30 Min. | leicht

# FLUFFIGE QUARKBRÖTCHEN

**Zubereitungszeit: 5 Minuten**
**Backzeit: 20-25 Minuten, 180°C**
  **Ober-/Unterhitze**
**Zutaten für 12 kleine Brötchen**

300 g Mehl, Type 405

150 g Quark

50 g Öl

60 g Milch

20 g Zucker

½ Päckchen Backpulver

Sahne, Milch o.Ä.
zum Bestreichen

**1.** Heize zunächst den Backofen auf 180°C Ober-/ Unterhitze vor.

**2.** Gib nun Mehl, Quark, Öl, Milch, Zucker und Backpulver in den Mixtopf und verrühre die Zutaten 3 Minuten/ Teigknetstufe zu einem Teig.

**3.** Forme aus dem Teig 12 Kugeln und verteile sie auf einem mit Backpapier ausgelegtem Backblech. Pinsele die Kugeln mit Sahne, Milch o.Ä. ein.

**4.** Backe die Brötchen anschließend 20-25 Minuten/ 180°C Ober-/Unterhitze. Halte dabei Sichtkontakt. Die Brötchen sind fertig, wenn sie eine schöne goldbraune Farbe angenommen haben.

mixtipp

Für süße Quarkbrötchen kann der Zuckeranteil erhöht werden.

# GETRÄNKE

*Ha wi man nochn Lüttjen!*

2 Gläser

9 Min.

leicht

# EIERPUNSCH

**Zubereitungszeit: 9 Minuten**
**Zutaten für 2 Gläser**

3 Eigelb, Größe M oder L

50 g Zucker

2 Spritzer Zitrone

2 Prisen Zimt

20-30 g weißer Rum

300 g Weißwein, halbtrocken

**1.** Setze den Schmetterling in den Mixtopf ein, gib Eigelb und Zucker hinzu und verrühre die Zutaten 4 Minuten/ Stufe 3.

**2.** Nun fügst du noch Zitrone, Zimt, Rum und Weißwein hinzu und erwärmst den Punsch 5 Minuten/ 80°C/ Stufe 3. Fülle den fertigen Punsch in 2 Gläser und streue abschließend noch etwas Zimt obendrauf.

Ein leckeres, erfrischendes Getränk für kalte Winterabende.

2 Gläser

2 Min.

leicht

# EISKAFFEE

**Zubereitungszeit: 2 Minuten**
**Zutaten für 2 Gläser**

40-50 g Zucker

1 ½  EL löslicher Kaffee

150 g Eiswürfel

400 g Milch

**1.**  Als Erstes gibst du den Zucker zusammen mit dem löslichen Kaffee in den Mixtopf und pulverisierst beides 10 Sekunden/ Stufe 10.

**2.**  Füge durch die Deckelöffnung die Eiswürfel hinzu und zerkleinere sie 10 Sekunden/ Stufe 10. Schiebe alles mit dem Spatel nach unten, füge Milch hinzu und verrühre den Eiskaffee 15 Sekunden/ Stufe 6 ... FERTIG.

THERMIMAUS 2

1 Liter  11 Min.  leicht

# LIKÖR „FRECHES KÜSSCHEN"

**Zubereitungszeit: 11 Minuten**
**Utensilien: 1-2 Flaschen**
**Zutaten für 1 Liter**

20 weiße Ferrero-Küsschen,
über Nacht einfrieren, dann
lassen sie sich besser zerkleinern

60 g Zucker

1 Ei, Größe M oder L

200 g Sahne

250 g Milch

220 g weißer Rum

**1.** Zerkleinere die Ferrero-Küsschen 15 Sekunden/ Stufe 10 und schiebe die Reste anschließend mit dem Spatel nach unten.

**2.** Ergänze nun Zucker, Ei, Sahne, Milch und weißen Rum und verrühre die Zutaten 9 Minuten/ 70°C/ Stufe 4.

**3.** Fülle den fertigen Likör in Flaschen ab, lass ihn abkühlen und genieße ihn.

mixtipp

Der Likör ist im Kühlschrank
ca. 2 Wochen haltbar.

Das passende Video dazu findest Du hier:

4 Gläser

5 Min.

leicht

# OSTFREESEN POWER

**Zubereitungszeit: 5 Minuten**
**Zutaten für 4 Gläser**

1 Apfelsine, geschält, in Stücken

1 Apfel, geschält,
in groben Stücken

1 Mandarine, geschält,
in Stücken

1 Banane, geschält,
in groben Stücken

300 g Wasser

**1.** Wasche und schäle das Obst und schneide es in grobe Stücke.

**2.** Fülle Apfelsine, Apfel, Mandarine und Banane in den Mixtopf und zerkleinere die Zutaten 30 Sekunden/ Stufe 10.

**3.** Ergänze das Wasser und püriere alles bis zur gewünschten Konsistenz z.B. 1 Minute/ Stufe 10.

**mixtipp**

Bevor du alle Zutaten in den Mixtopf gibst, kannst du auch 30-50 g Leinsamen 30 Sekunden/ Stufe 8 schroten und dann wie oben weiter verfahren.

# FILMOGRAFIE
## DIE VIDEOS ZU DEN REZEPTEN IM BUCH

Bei Youtube (www.Youtube.com) hat die Thermimaus auf ihrem Kanal mehr als 200 Videos gepostet! Auch zum Großteil der Rezepte aus diesem Buch findest du dort hilfreiche Kochvideos. Da sich der Titel des Videos in manchen Fällen leicht vom Rezepttitel dieses Buches unterscheidet, haben wir dir hier noch einmal alle Videos mit beiden Titeln aufgelistet.

## BROT & FINGERFOOD
**Überbackenes Ciabatta mit Basilikum-Käse-Kruste**
Videotitel: Ciabatta mit Basilikum-Käse-Kruste

**Saftiges Vollkornbrot ohne Gehzeit**
Videotitel: Saftiges Vollkornbrot – ohne Gehzeit

**Bruschetta**
Videotitel: Bruschetta

**Jalapeño-Röllchen – Campen mit dem Thermomix**
Videotitel: Jalapeño-Röllchen

## HAUPTGERICHTE
**Gefüllte Paprika mit Reis und einer Galgant-Sauce hollandaise**
Videotitel: Gefüllte Paprika mit Reis und einer Galgant-Hollandaise

**Spargel mit Kartoffeln und Sauce hollandaise**
Videotitel: Spargel mit Hollandaise und Kartoffeln

**Pizza Spinaci**
Videotitel: Pizza Spinaci

## SÜSSES

**Pudding-Schmand-Kuchen vom Blech**
Videotitel: Pudding-Schmand-Kuchen vom Blech

**Haselnuss-Zimt-Bällchen – Super zur Eiweißverwertung und glutenfrei**
Videotitel: Haselnuss-Zimt-Bällchen

**Engelsaugen**
Videotitel: Engelsaugen

**Bunte Fensterglasplätzchen**
Videotitel: bunte Fensterglasplätzchen

**Cinnamon Rolls – Zimtschnecken**
Videotitel: Cinnamon Rolls – Zimtschnecken

## GETRÄNKE

**Likör „Freches Küsschen"**
Videotitel: Freches Küsschen Likör

# MIXT DU SCHON?

**Du bist ein Fan
des Thermomix?**

**Du hast kreative Ideen,
die du gerne mit deinem
Thermomix umsetzt?**

**Du möchtest immer wieder
neue Rezepte mit deinem
Thermomix ausprobieren?**

**Dann suchen wir dich!**

Ob internationale Küche, feine Backideen oder saisonale Rezepte, von der Haute Cuisine bis zur Hausmannskost, vom Lieblingsessen für die Kleinen bis zu raffinierten Spezialitäten für die große Party – wir suchen innovative Ideen fürs Kochen mit dem Thermomix!

Wenn du Lust hast, ein Kochbuch mit uns zu machen, Rezepte für eins unserer nächsten Thermomix-Bücher aus deiner persönlichen Sammlung beizusteuern oder deine Tipps und Tricks mit anderen Thermomix-Fans teilen willst, melde dich bei uns:

**Edition Lempertz, Team mixtipp, Hauptstr. 354, 53639 Königswinter
Tel.: 02223 / 900036, Fax: 02223 / 900038
info@edition-lempertz.de, www.edition-lempertz.de**

# Sichere dir zum Kennenlernen der MIXX-Zeitschrift jetzt ein Gratis-Exemplar im Wert von 4,90 €!

Name:

Vorname:

Adresse:

☐ Ja, schicken Sie mir Ihren kostenlosen E-Mail-Newsletter und halten Sie mich über Neuheiten und Sonderangebote des Heel-Verlags auf dem Laufenden!

E-Mailadresse:

Ihre Daten werden von der HEEL Verlag GmbH gespeichert, um Ihnen Informationen aus unserem Verlagsprogramm zukommen zu lassen. Ihnen entstehen weder Kosten noch Verpflichtungen.
Sie können sich jederzeit vom Newsletter abmelden.

Datum                    Unterschrift

Teilnahmebedingungen: Dieser Gutschein ist nur auf postalischem Weg einzulösen.
Pro Person nur ein  Gutschein gültig

Heel Verlag GmbH, MIXX-Redaktion, Pottscheidt 1, 53639 Königswinter
Tel.: 02223/9230-0, Fax: 02223/9230-13/26, www.heel-verlag.de

**mixtipp: Baby- und Kleinkinderrezepte**
96 Seiten,
Format: 17 x 24 cm,
Klappenbroschur,
durchgehend farbig
bebildert,
ISBN: 978-3-945152-53-9,
9,99 €

**mixtipp: Lasst uns Grillen**
120 Seiten,
Format: 17 x 24 cm,
Klappenbroschur,
durchgehend farbig
bebildert,
ISBN: 978-3-945152-69-0,
9,99 €

**mixtipp: Vegane Rezepte**
112 Seiten,
Format: 17 x 24 cm,
Klappenbroschur,
durchgehend farbig
bebildert,
ISBN: 978-3-945152-52-2,
9,99 €

**mixtipp: Mediterrane Rezepte**
104 Seiten,
Format: 17 x 24 cm,
Klappenbroschur,
durchgehend farbig
bebildert,
ISBN: 978-3-945152-51-5,
9,99 €

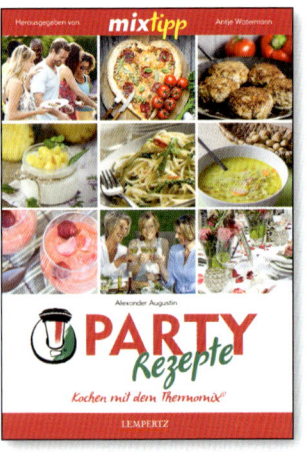

**mixtipp: Partyrezepte**
104 Seiten,
Format: 17 x 24 cm,
Klappenbroschur,
durchgehend farbig
bebildert,
ISBN: 978-3-945152-50-8,
9,99 €

**MIXtipp: Basische Rezepte**
120 Seiten,
Format: 17 x 24 cm,
Klappenbroschur,
durchgehend farbig
bebildert,
ISBN: 978-3-945152-21-8,
9,99 €

## mixtipp: Basics

120 Seiten, Format: 17 x 24 cm,
Klappenbroschur, durchgehend farbig bebildert,
ISBN: 978-3-96058-974-7
9,99 €

Kennen wir das nicht alle – wir stehen vor dem Thermomix und unser
kulinarisches Know How ist vergessen. Was nun? Nicht verzagen, Team
mixtipp fragen: Als Gedankenstütze und Anregung hat Andrea Tomicek in
diesem Buch alle Funktionen und Einstellungen rund um den Thermomix
in praktischen Basis-Gerichten zusammengefasst. Neben tollen Gewürzen,
Tipps zum Backen und Kniffen rund um die Verarbeitung von Früchten
und verschiedensten Gemüsesorten hat sie alltagstaugliche Grundrezepte
gesammelt. Egal ob selbstgemachte Nudeln, Pudding, Eis oder Dips
und Aufstriche hier ist für jeden etwas dabei. Das Buch ist durch die
große Rezeptvielfalt sowohl für Anfänger als auch für Fortgeschrittene
Thermomix-Benutzer geeignet! Lerne deinen Thermomix mit dem praktischen Nachschlagewerk von
Andrea Tomicek kennen. Viel Spaß beim Nachkochen!

## mixtipp: Lieblings-Fischgerichte

120 Seiten, Format: 17 x 24 cm,
Klappenbroschur, durchgehend farbig bebildert,
ISBN: 978-3-96058-975-4,
9,99 €

Lust auf Fisch? Für alle Liebhaber von Speisen aus Meer und See hat das Team
mixtipp gemeinsam mit dem Autor Gerhard Walter über 40 leckere und aus-
gefallene Fischrezepte zusammengestellt. Gerhard Walter alias Gerry ist ein
Spezialist für Fischgerichte und begeistert seit einem Jahr seine Fans in ver-
schiedenen Internetforen mit seinen Rezepten, die er ausschließlich mit dem
Thermomix kreiert. Über Meeresfrüchte, verschiedene Fischarten bis hin zu
Krustentieren ist alles vertreten, was die weltweiten Gewässer zu bieten haben. Neben traditionellen Gerichten mit Lachs oder Matjesstückchen in Dill-
sahne experimentiert Gerry auch mit exotischen Meeresbewohnern. Dabei
verwöhnt er uns ebenfalls mit kreativen Suppen oder speziellen Vorspeisen,
da ist einfach für jeden Geschmack und Anlass etwas dabei. Neben den Rezepten bietet das Buch eine um-
fassende Warenkunde, die auch Anfängern den Einstieg in die Fisch- und Meeresfrüchtewelt erleichtert. Wie
immer gilt: Alle Fischgerichte kannst du im TM 5 und TM 31 entspannt nachkochen. Wir wünschen dir viel
Spaß beim Entdecken der Meeres-, Seen und Flusswelt und beim Zubereiten der Fischgerichte.

## mixtipp: Lieblings-Aufläufe

112 Seiten, Format: 17 x 24 cm,
Klappenbroschur, durchgehend farbig bebildert,
ISBN: 978-3-96058-035-5,
9,99 €

Jedes Kind liebt sie, jeder Erwachsene ebenso: Aufläufe, Gratins & Co. Wenn
der verführerische Duft nach gebackenem Käse das Haus durchströmt, hält es
niemanden mehr vor dem Fernseher. Auch das Team mixtipp kann der Versu-
chung aus dem Ofen nicht widerstehen und hat seine liebsten Auflaufrezepte
für den Thermomix zusammengestellt.
Kaum ein Gericht ist so vielfältig wie ein Auflauf. Als Kartoffelgratin, Nudel-
oder Gemüseauflauf, Crumble oder Soufflé kommt er daher und erwärmt
stets aufs Neue unser Gemüt. Ob ein herzhafter Kürbisauflauf mit Speck oder
ein süßes Nusssoufflé, ein exotisches Kokosgratin mit Kardamom oder Lasa-
gne mal anders - für jedes Leckermaul wird sich in diesem Rezeptband etwas
finden.

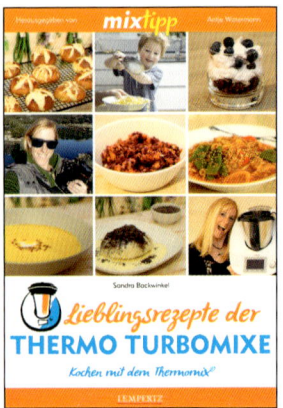

## mixtipp: Lieblingsrezepte der Thermo Turbomixe

128 Seiten, Format: 17 x 24 cm, Klappenbroschur,
durchgehend farbig bebildert,
ISBN: 978-3-96058-037-9,
9,99 €

Sandra Backwinkel das ist doch die charmante Youtuberin,die als Thermo Turbomixe schon über 100 Rezeptvideos ins Netz gestellt hat! Gemeinsam mit dem Team mixtipp bringt sie nun ihr erstes Kochbuch heraus: Hier erwartet dich eine bunte Mischung aus alltagstauglichen Leckereien wie Suppen, Desserts und Salate, aber auch Hauptgerichte, Smoothies, Dips, Konfitüren und Brot kann die Thermo Turbomixe!
Seit einigen Jahren kocht Sandra Backwinkel begeistert mit ihrem Thermomix und nutzt ihn täglich. Suchst du nach ein wenig Abwechslung beim alltäglichen Kochen mit dem Thermomix? Mit Rezepten wie Balsamico-Linsen, Grüner Smoothie, Eiweißbrot, Laugenbrötchen, Chicken Tikka Masala und Bircher Müsli hat die Langeweile keine Chance. Wenn es zwischendurch mal etwas Süßes sein darf, dann verwöhne dich mit Oreo-Keks-Eis, gebrannten Mandeln oder einer leckeren Schokomousse. Wie immer sind die Rezepte sowohl mit dem TM 31 als auch mit TM 5 zuzubereiten. Viel Spaß beim Nachkochen!

## mixtipp: Low Carb

120 Seiten, Format: 17 x 24 cm, Klappenbroschur,
durchgehend farbig bebildert,
ISBN: 978-3-96058-966-2,
9,99 €

Schlank im Schlaf oder mit der Steinzeit-Diät? Wer kennt sie nicht, die Trends, Mythen und Ideen rund um das Thema Ernährung. Eine der neuesten Ideen heißt Low Carb. Low Carb bedeutet weitestgehend der Verzicht auf kohlenhydratreiche Lebensmittel wie Nudeln, Kartoffeln oder Getreide. Stattdessen stehen viel Gemüse wie gelbe und grüne Paprika oder Blumenkohl, Fleisch, Fisch oder Eier auf dem Speiseplan. Unser Autor Rüdiger Busche ernährt sich schon seit einigen Jahren Low Carb und hat in der Zeit viele leckere und kreative Rezepte zusammengestellt. Das Team mixtipp war begeistert von der Vielseitigkeit, die eine Low Carb Ernährung bieten kann. Deine Familie freut sich sicher über eine Low Carb Pizza oder eine XXL Enchilada und die letzten Skeptiker überzeugst du dann mit der leckeren Erdbeerquarktorte oder einem Schokopudding, natürlich alles Low Carb. Neben den Rezepten rundet die Einleitung mit vielen nützlichen Informationen zu den verwendeten Produkten und dem Thema Low Carb das Buch ab.
Natürlich gilt auch dieses Mal: alle Gerichte können mit dem TM 31 und TM 5 zubereitet werden.
Viel Spaß beim Entdecken der Low Carb-Welt und beim Nachkochen der Rezepte!

## mixtipp: Lieblings-Smoothies

112 Seiten, Format: 17 x 24 cm, Klappenbroschur,
durchgehend farbig bebildert,
ISBN: 978-3-945152-17-1,
9,99 €

Smoothies der perfekte Start in den Tag, gesunder Snack für Zwischendurch oder Ersatz für eine ganze Mahlzeit. Super schnell gemacht liefern diese Energiebomben dem Körper alle wichtigen Vitamine und Mineralstoffe, die er benötigt.
Unser Autor Alexander Augustin hat sich eine Woche lang während einer Detox-Kur mit den leckeren Frucht-und Gemüseshakes beschäftigt und sie kennen und lieben gelernt. Für dieses Buch hat Alexander Augustin seine liebsten Smoothies mit cleveren Tipps und Tricks rund um das Thema Smoothie zusammengestellt. Welche Vitamine dein Lieblingssmoothie enthält, kannst du zum Beispiel ganz leicht dank eines übersichtlichen Glossars herausfinden. Die cremigen Vitaldrinks werden nur aus allerbesten und frischesten Obst und Gemüse gemacht die praktische Saisontabelle hilft dir bei der Auswahl. Und das Beste: Sie sind ganz einfach mit dem TM 5 und TM 31 zuzubereiten.
Einfach mixen und genießen!

# mixtipp PROFILINIE

**Georg Bernardini**

## mixtipp Profilinie: Meine Schokolade

128 Seiten, Format: 20 x 25,5 cm,
Hardcover, durchgehend farbig bebildert,
ISBN: 978-3-945152-31-7,
19,99 €

Schokoladentester, Pâtissier, Confiseur - Georg Bernadini ist ein Profi auf dem Gebiet der Schokolade. Er hat mit Georgia Ramon eine eigene Schokoladenmarke kreiert und ist einer der wenigen in Deutschland, der die Schokolade nach dem sogenannten "bean to bar"-Prinzip produziert. Von der Bohne bis zur fertigen Tafel wird die Schokolade selbst hergestellt. In diesem Buch hat Bernadini für das Team mixtipp die köstlichsten Schokoladenrezepte zusammengestellt. Neben einem ausführlichen Einblick in die Geschichte der Schokolade und der Verarbeitung von Kakaobohnen enthält das Buch eine vielfältige Sammlung schokoladiger Rezepte: Von Basisrezepten für Tortenböden und selbst gemachten Schokoladentafeln bis hin zu üppigen Sahnetorten und herzerwärmenden Getränken. Das Allerbeste daran ist, dass die Köstlichkeiten ganz leicht mit dem TM 31 und TM 5 zu Hause nachgemacht werden können und das Herz eines jeden Schokoladenliebhabers höher schlagen lassen werden! Warnhinweis für anonyme Schokoholiker: Achtung Suchtgefahr!

**Kolja Kleeberg**

## mixtipp Profilinie: Meine Rezepte

ca. 144 Seiten, Format 20 x 25,5 cm,
Hardcover mit Schutzumschlag, durchgehend farbig ,
ISBN: 978-3--945152-33-1,
19,99 €
Erscheint Mai 2017

Die mixtipp Profilinie geht in die 3. Runde: Diesmal stellt uns der renommierte Sternekoch Kolja Kleeberg seine Rezepte für den Thermomix vor! Im edlen Hardcover-Band zeigt er uns, wie wir uns auch im heimischen Wohnzimmer so fühlen können, als würden wir in einem stilvollen Restaurant speisen! Ausgesuchte Rezepte und exklusive Geheimtipps vom Sternekoch: So ist professionelles Kochen und Schlemmen keine Zauberei mehr!

**mixtipp: Lieblingsrezepte der Thermimaus**
104 Seiten,
Format: 17 x 24 cm,
Klappenbroschur,
durchgehend farbig
bebildert,
ISBN: 978-3-96058-000-3,
9,99 €

**mixtipp: Leichte Küche**
120 Seiten,
Format: 17 x 24 cm,
Klappenbroschur,
durchgehend farbig
bebildert,
ISBN: 978-3-945152-70-6,
9,99 €

**mixtipp: Lieblings-Suppen**
112 Seiten,
Format: 17 x 24 cm,
Klappenbroschur,
durchgehend farbig
bebildert,
ISBN: 978-3-945152-73-7,
9,99 €

**mixtipp: Wildgerichte**
128 Seiten,
Format: 17 x 24 cm,
Klappenbroschur,
durchgehend farbig
bebildert,
ISBN: 978-3-945152-74-4,
9,99 €

**mixtipp: Englische Küche**
128 Seiten,
Format: 17 x 24 cm,
Klappenbroschur,
durchgehend farbig
bebildert,
ISBN: 978-3-96058-969-3,
9,99 €

**mixtipp: Lieblings-Geschenke**
128 Seiten,
Format: 17 x 24 cm,
Klappenbroschur,
durchgehend farbig
bebildert,
ISBN: 978-3-95058-968-6,
9,99 €